터치를 위한 디자인하기

DESIGNING FOR TOUCH
By A Book Apart
Copyright © 2015 Josh Clark
Korean Translation Edition © 2017 by Webactually Korea, Inc.
All Rights Reserved.

이 책의 한국어판 저작권은 저작권자와의 독점 계약으로 웹액츄얼리코리아㈜에 있습니다.
저작권법에 의해 한국 내에서 보호를 받는 저작물이므로 무단전재와 복사·복제를 금합니다.
이 책 내용의 전부 또는 일부를 사용하려면 반드시 저작권자와 웹액츄얼리코리아의 서면 동의를 받아야 합니다.

조시 클라크 **Josh Clark**

터치를 위한
디자인하기

A BOOK APART | webactually

터치를 위한 디자인하기

초판 1쇄 발행　2017년 7월 10일
초판 2쇄 발행　2018년 9월 10일

지은이　조시 클라크
옮긴이　김재이

책임편집　송지연
디자인　studio.triangle

펴낸곳　웹액츄얼리코리아㈜
출판등록　제2014-000175호
주소　서울특별시 강남구 논현로 132길 31 EZRA빌딩 4층
전화　(02) 542-0411
팩스　(02) 541-0414

매거진사이트　www.webactually.com
북스웹사이트　books.webactually.com
페이스북　facebook.com/webactually
트위터　@webactually

ISBN 979-11-85885-11-7 13000

※ 잘못되거나 파손된 책은 구입하신 곳에서 교환해드립니다.
※ 정가는 뒤표지에 있습니다.
※ 이 도서의 국립중앙도서관 출판예정도서목록(CIP)은 서지정보유통지원시스템 홈페이지
　 (http://seoji.nl.go.kr)와 국가자료공동목록시스템(http://www.nl.go.kr/kolisnet)에서
　 이용하실 수 있습니다. (CIP제어번호: CIP2017013160)

멋진 팀을 위하여

For Team Awesome

일러두기

- 이 책의 주석은 모두 옮긴이 주이거나 편집자 주입니다.
- 본문에 나오는 링크는 삭제되었거나 주소가 변경되었을 수 있습니다.

차례

- 8 | 한국어판 출간에 앞서
- 9 | 역자의 글
- 10 | 추천의 글
- 13 | 프롤로그

17 | chapter 1
인터페이스의 물리성

69 | chapter 2
제멋대로인 화면

95 | chapter 3
더 빠른 손놀림

133 | chapter 4
제스처

193 | chapter 5
디스커버리

- 218 | 감사의 글
- 221 | 도움이 되는 자료
- 226 | 참조
- 231 | 찾아보기

한국어판 출간에 앞서

《터치를 위한 디자인하기》를 한국에 소개할 수 있게 되어 매우 기쁩니다. 터치는 철저하게 가상virtual이던 디자인에 물성physicality을 입혀 새로운 실험을 하며 이렇게 묻습니다. "이 디자인을 손에 들었을 때 어떤 느낌이 드나요?" 저자인 조시 클라크는 터치스크린이라는 신세계로 여러분을 안내합니다. 인체공학적 요구(와 엄지손가락의 법칙), 모든 기기를 위한 레이아웃과 사이즈 조절, 새로운 제스처 툴킷, 인터랙션 속도를 높이고 사용자가 제스처를 쉽게 찾을 수 있도록 하는 기술을 배워보세요. 스트레치stretch, 크럼플crumple, 드래그drag, 플리크flick와 같은 제스처를 통하여 정보 그 자체를 '만질 수 있는' 인터페이스를 구축하기 위한 디자인 노하우를 얻길 바랍니다. 이 모든 것은 바로 여러분 손안, 이 책에 있습니다.

제프리 젤드먼, 조시 클라크

역자의 글

모바일 소프트웨어 작업에는 태생적인 사용자 '틈'이 존재합니다. 우리가 지하철 안에서 사용하는 작은 화면을 디자이너는 책상에 앉아 큰 모니터로 제작합니다. 이 틈에서 발생할 수 있는 착오를 줄이기 위해 디자이너는 개발 기간 내내 사용성 테스트를 하지만 그것조차 여의치 않은 경우가 많습니다. 이러한 현실적인 문제 때문에 디자이너의 사용성 분석 역량이 프로젝트 성공 여부를 가르는 요인 중 큰 부분을 차지하게 됩니다.

이 책은 다소 모순적일 수 있는 '소프트웨어'와 '물성'을 결합합니다. 우리는 형체가 없는 소프트웨어를 손목시계부터 스마트 TV에 이르기까지 다양한 물리적 디바이스에 탑재하여 사용합니다. 저자는 이 물성에 인체공학적으로 접근해 소프트웨어의 사용성을 높이는 방법을 강구하고, 사용자의 화면 이해도를 높이는 데 도움이 되는 인터랙션을 소개합니다. 또한, 다양한 예시를 통해 디자인 대상이 화면 그 자체를 넘어서 터치 디바이스의 사용성까지 확대되어야 한다는 메시지를 강하게 전달합니다.

우리는 물리적인 환경 속에서 물리적인 디바이스를 통해, 소프트웨어를 사용하고 있다는 지극히 단순한 사실을 쉽게 간과합니다. 이는 현직에 있는 디자이너로서 나와 내 동료가 종종 범하는 실수이기도 합니다. 이 책을 옮기는 작업은 내게 디자인을 위한 디자인이 아닌, 최적의 사용성을 위한 디자인의 중요성을 한 번 더 환기해 줬습니다. 이 책이 보다 많은 디자이너에게 터치 디바이스의 사용 환경에 대해 숙고하는 계기가 되기를 바랍니다.

김재이

추천의 글

마치 수문이 열리듯 그렇게, 다양한 크기의 네모난 유리로 된 화면이 끝도 없이 시장에 쏟아져 나왔습니다. 디자이너들은 그 디바이스의 바다에서 어떻게든 살아남기 위해 열심히 팔을 휘저어 대는 것 말고는 달리 방법이 없었죠.

하지만 그러는 사이에 우리는 이 새로운 모바일 매체를 천천히, 그러나 분명하게 이해하기 시작했습니다. 네이티브 디자이너들은 터치 디바이스만이 가진 고유한 능력을 적극적으로 탐구했죠. 그리하여 미디어를 더욱 놀라운 영역으로 이끌어내면서 흥미로운 경험을 만들어 냈습니다. 이로써 우리는 웹 분야에서 반응형 웹 디자인의 등장을 맞이하게 되었습니다. 반응형 웹 디자인 덕분에 디자이너는 레이아웃을 리플로reflow하여 화면 크기와 상관없이 어느 디바이스에서나 멋지게 보이면서도 제대로 작동하는 디자인을 만들 수 있게 되었습니다. 요즘에는 환경에 맞게 레이아웃이 변하는 사이트가 흔해졌죠. 디자이너는 여러 가지 툴을 사용하여 핸드폰, 태블릿 그리고 그 사이의 모든 디바이스의 레이아웃에서 자신의 작업물을 제대로 작동할 수 있게 되었습니다. 우리는 목적을 달성했죠. 그렇지 않나요?

정말 그렇게 간단한 일이면 좋겠습니다. 레이아웃을 리플로하는 것은 '다양한 디바이스를 위한 디자인'이라는 엄청난 퍼즐의 한 조각일 뿐입니다. 우리는 뭉툭한 소시지 같은 손가락으로 새로이 등장한 반응형 웹 인터페이스를 작동시킵니다. 이것은 유저 인터페이스(UI)가 다양한 크기의 화면에서 제대로 보일 뿐만 아니라 손가락으로 작동하기 편하도록 디자인돼야 한다는 것을 의미하죠.

인체공학, 자세, 컨텍스트context, 터치의 촉감 등은 탭tap하기 좋아하는 사용자가 우리의 디자인을 통해 어떤 경험을 하는가에 영향을 끼칩니다. 화면 속 디자인이 시각적으로 좋아 보일 수는 있습니다. 하지만 그 화면을 '사용하는 느낌'은 어떤가요? 터치가 탑재된 화면이 우리의 생활 속에 더욱 많아지고 있습니다. 그만큼 디자이너가 터치를 염두에 두고 작업하는 것이 아주 중요해졌습니다. 그렇다면, 터치를 잘 고려한 제대로 된 디자인을 배우려면 어디로 가야 할까요?

조시 클라크 Josh Clark가 그 문제를 '터치'해주기 위해 여기에 와 있으니 당신은 정말 운이 좋은 겁니다.

조시는 터치 디자인 분야에서 보물 같은 존재죠. 그는 고차원적인 디자인 원칙들부터 아주 까다로운 디테일까지, 믿기지 않을 만큼 명쾌하고 진솔하게 이야기할 수 있습니다. 조시는 이 책에서 터치를 위한 디자인의 주요 원칙을 설명하고, 네이티브 플랫폼과 웹이 가진 가능성과 제한 사항을 함께 설명합니다. 엄지손가락의 법칙을 소개하면서도 이 법칙을 따르지 않아도 되는 상황에 대해 현실적으로 조언해줍니다.

조시는 실무에서 어렵게 얻은 디자인 지식을 그저 전달만 하는 것이 아니라 디자인에 대한 전염성 강한 열정을 재미있게 건넵니다. 당신이 이 책을 다 읽고 나서 어떤 모습일지 눈에 선하네요. 어떻게 화면을 탭하고, 핀치 pinch하고, 스와이프 swipe하고, 스크롤 scroll해야 하는지에 대한 생각으로 머리가 가득 차 있겠죠. 디자인의 최고 경지에 다가가는 것입니다. 즐기세요!

브래드 프로스트 Brad Frost

• • •

스마트폰이 보편화되면서 터치스크린은 일상생활에 굉장히 익숙한 존재가 되었습니다. 우리는 틈만 나면 스마트폰과 태블릿을 만지며 시간을 보냅니다. 지하철이나 공공장소에서는 안내원 없이 터치 키오스크kiosk를 이용하기도 합니다. 차 내부의 센터페시아로 수많은 기능을 컨트롤할 수도 있습니다. 이제, 우리는 많은 시간을 터치스크린과 마주하며 터치를 통해 다양한 경험을 하고 있습니다.

디자이너는 터치와 관련된 센서가 디테일하게 발전함에 따라 다양한 인터랙션을 콘텐츠에 더 많이 접목시킬 수 있게 됐습니다. 새로운 디바이스와 센서가 쏟아져 나오는 이 시대에 디자이너로서 살아간다는 것이 행복인지 불행인지는 잘 모르겠습니다. 하지만 터치스크린을 위한 콘텐츠를 제작하는 사람이라면 '매체를 얼마나 잘 이해하고 디자인하고 있지?'라고 자신에게 물어볼 수 있어야 합니다. '그냥 편해 보일 것 같아서'라는 이유로 합리화하지는 않았는지, 사용성이 떨어지는 인터랙션을 개발자에게 요구하지는 않았는지 스스로 고민해봐야 합니다.

이 책에서 이야기하는 터치와 관련된 수많은 원칙과 노하우는 이러한 문제점을 쉽게 해결할 수 있도록 도와줄 것입니다. 그동안 잘 알지 못했던, 터치스크린이 갖는 특수성과 터치를 통해 이뤄지는 사용성 모두를 이해할 수 있는 계기가 될 것입니다. 이 책을 읽고 제작한 여러분의 콘텐츠를 사용자는 직관적이고 재미있게 이용할 수 있을 것입니다. 사용자가 디지털 세상에서 멋진 경험을 할 수 있기를 기대해봅니다.

카카오 인터랙션 디자이너

강운봉

http://lain.kr

프롤로그

지난 수십 년간 마우스, 키보드 그리고 커서라고 불리는 보조 장치들을 이용해 디지털 세상을 누볐습니다. 책상 위에 올려둔 이 플라스틱 덩어리를 조금씩 움직여서 저 멀리에 있는 화면 속 화살표를 이용해 버튼을 눌렀습니다. 아이콘을 클릭했고 픽셀을 찍었습니다.

하지만 이제는 픽셀을 손으로 직접 누르기 시작했습니다. 스마트폰 덕분에 수십억에 달하는 사람들이 매일같이, 하루 종일 터치스크린과 씨름하고 있습니다. 이제 우리는 정보 그 자체를 손가락으로 스트레치stretch하고(펼치고), 크럼플crumple하고(줄이고), 드래그drag하고(끌고), 플릭flick하며(뒤집으며) 직접 터치합니다. 마치 정보와 직접 상호작용하는 듯한 이 환상은 디지털 세계를 경험하는 방식을 바꿉니다. 이 변화로 인해 디자이너는 새로운 기술뿐만 아니라 기존과는 다른 관점perspectives을 받아들여야만 합니다. 터치는 한때 엄격히 시각적이기만 했던 디자인에 물성physicality을 입힙니다. 디지털 디자이너는 처음으로 스스로에게 이런 질문을 합니다. 이 디자인을 손에 들었을 때 어떤 느낌이 듭니까?

이 책은 그런 것들에 관해 논의합니다. 터치스크린은 모든 곳에 존재합니다. 택시, 자판기, 손목시계, 비행기 좌석, 드레스룸 거울, 그리고 우리 주머니와 가방 속에 넣고 다니는 디지털 디바이스를 보세요. 2010년과 2014년 사이에는 미국 인구의 거의 절반이 터치스크린 태블릿을 샀습니다. 애플Apple은 지난 28년 동안 판매한 맥Mac보다 더 많은 수의 아이패드iPads를 2011년 한 해에 판매했습니다 (http://bkaprt.com/dft/00-01/, http://bkaprt.com/dft/00-02/). 이제 터치는 데스크톱에서도 사용됩니다. 키보드와 커서, 그리고 터치스크린이 결합한 하이브리드hybrid, 태블릿tablet이나 노트북을 앞세워서 말입니다.

　엄청나게 쏟아지는 터치 디바이스에도 불구하고, 대부분의 웹사이트는 고집스럽게 마우스와 커서에 최적화되어 있습니다. 웹 관련 디바이스의 새로운 기류를 쫓아가는 것은 디자이너의 몫입니다. 반응형 웹 디자인responsive design은 웹사이트가 데스크톱 화면에서만 보이는 것이 아니라는 단순 명료한 진실을 보여주며 업계를 뒤흔들어 깨웠습니다. 그리고 이제 또 다른 진실이 드러납니다. 바로 웹사이트는 한 가지 방식으로만 입력을 받는 것이 아니라는 것입니다. 터치는 복잡하게 얽혀있는 수많은 입력 체계 중 하나일 뿐입니다. 키보드, 마우스, 핸드폰, 동작 감지 센서, 음성 명령, 스타일러스 펜, 계기판 버튼뿐만 아니라 카메라, 오디오, GPS 등 온보드 센서도 입력 체계에 속합니다. 이 복잡한 조합은 단순히 화면의 레이아웃뿐만 아니라 디자인의 핵심 콘셉트에도 영향을 미칩니다. 터치를 위한 디자인은 단순히 버튼을 크게 만들어 뭉툭한 손가락으로 누르기 쉽게 하는 것이 아닙니다. 그 이상의 작업입니다.

　이 얇은 책 한 권이면 터치스크린 프로젝트를 시작할 수 있습니다. 핸드폰, 태블릿, 패블릿phablets 그리고 데스크톱 하이브리드처럼 널리 사용되는 디바이스의 세세한 부분까지 파고들면서 말입니다. 디자인 필수 요소들이 어떻게 소프트웨어 환경에 맞추어 변화하는지, 그리고 터치가 없는 입력 시스템을 위한 디자인이 어떻게 유연해져야 하는지를 설명하고자 합니다.

　이것은 지난 30년 동안 널리 이용되어 온 인터페이스 디자인의 전통적인 방법을 다시 들여다보는 것을 의미합니다. 기존의 것을 통째로 내버려야 하는 경우도 많습니다. 새로운 디자인 패턴, 터치스크린에 적용되는 미터법, 인체공학적 가이드라인 및 웹사이트와 모바일 애플리케이션에 지금 바로 적용할 수 있는 상호작용 메타포interaction metaphors 등 예전과는 완전히 다른 방법을 만날 것입니다. 이

기술들의 역사와 원천에 놀랄 수도 있습니다. 우리는 오래 전 사용되었던 작은 장치들의 디자인 패턴을 들춰볼 것입니다. 비디오 게임과 자동차 계기판을 깊이 들여다보며 상호작용에 대해서 배울 것입니다. 그 과정에서 잘 드러나지 않는 제스처gestures를 끌어내는 방법과 애니메이션이 가지는 묘한 힘을 발견할 것입니다. 그리고 왜 아이들이 가장 좋은 베타 테스터beta tester인지도 알게 될 것입니다. 자, 손을 먼저 풀어주시고, 이제 시작해봅시다.

1

인터페이스의 물리성

유명한 전자 회사의 혁신적인 발명품이었던 스마트폰의 출현은 감동 그 자체였습니다. 이 스마트폰은 기존의 핸드폰과는 완전히 다른 방식으로 작동했으며, 기술에 대해 잘 알든 모르든 지금도 여전히 모두를 매료하고 있죠. 산업 전문가들은 스마트폰을 직관적이고 효율적이며 심지어 재미있다고도 평가했습니다. 일부 소수의 사람들이 이 디바이스를 사용하기 시작하면서 곧 사회적 신분의 상징물이 되었죠. 시간이 흘러 이제는 거의 모든 사람이 스마트폰을 가지게 되었고, 그 작동 방식이 너무나 자연스럽게 느껴져서 다른 방식으로 작동되는 스마트폰은 상상하기조차 어려워졌습니다.

때는 1963년, 벨 텔레폰Bell Telephone 사는 터치 톤 폰Touch Tone phone을 발표했습니다. 이때 전화의 인터페이스interface는 다이얼을 돌리는 방식에서 버튼을 누르는 방식, 즉 푸시 버튼 방식으로 대체되었고, 그

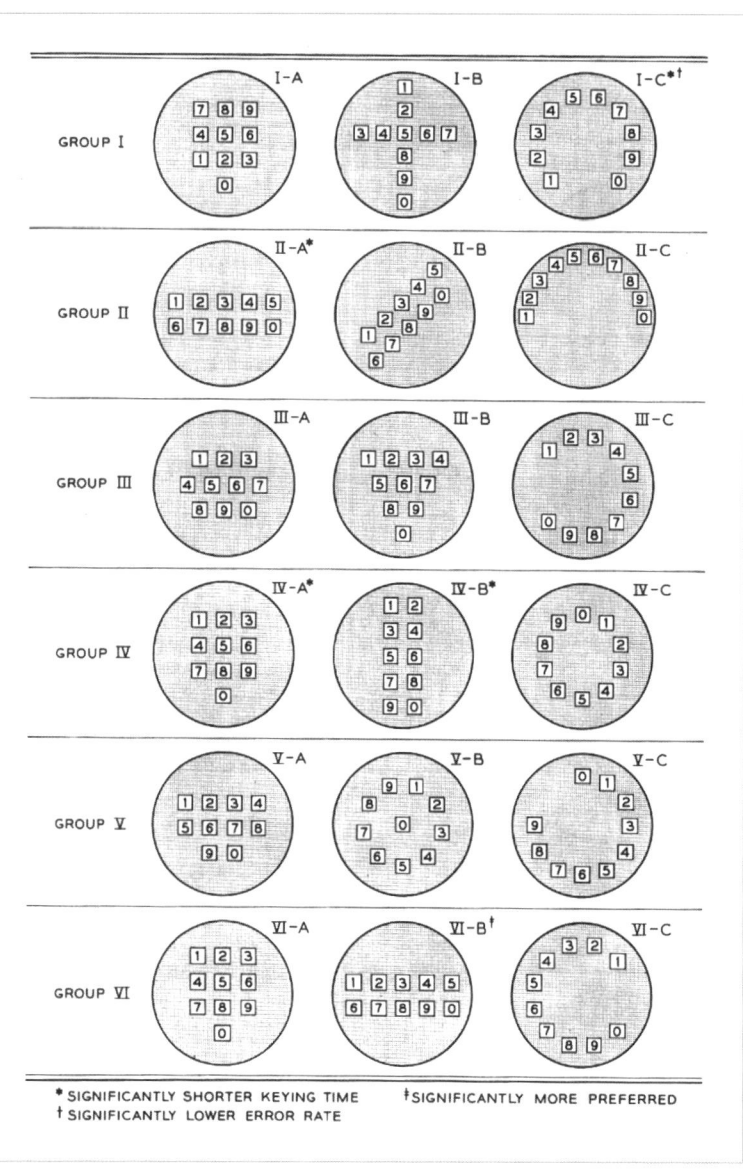

그림 1.1 벨사의 연구원들은 당시 신제품인 '푸시 버튼 전화기' 연구를 위해 16종류의 키패드 레이아웃을 한 번에 3종류씩 6개의 그룹으로 나누어 선보였습니다.

키패드keypad는 수십억 명의 사람들에게 소개되었습니다. 지금 우리에게는 키패드 레이아웃이 당연하게 느껴지지만, 당시만 해도 그 레이아웃은 막연한 것이었죠. 이를 위해 벨 텔레폰 사의 연구원들은 16종류의 키패드를 테스트했습니다. 가장 빠르고 안정적으로 작동하는 버튼의 구성, 즉 디자인을 찾기 위해서 말이죠.

"우리는 특히 푸시 버튼 디자인이 전화번호를 누르는 데 있어 사용자 속도, 정확성 그리고 선호도에 어떤 영향을 미치는지를 알고 싶었다."라고 연구원들은 적었습니다(http://bkaprt.com/dft/01-01/). "연습을 통해 속도나 정확성은 어떻게 나아지는가? 사용자가 어떤 체계적인 과정에 따라 전화번호를 누르는가?"

그 답을 알아내기 위해 연구원들은 다양한 모양의 키패드를 준비했습니다. 무지개, 십자가, 대각선, 원형, 심지어 과녁 형태의 키패드도 실험대에 올랐습니다. 지금 우리가 알고 있는 그리드 레이아웃으로 확정되기 전까지 말입니다(그림 1.1).

그들은 사용자의 실수를 줄이고 버튼을 누르는 속도를 최적화하기 위해 1초 이하의 단위까지 측정하면서 버튼의 크기와 간격 그리고 글자 형태를 변경해가며 실험했습니다. 또한, 사용자에게 키패드가 얼마나 쓰기 편한지, 버튼의 누름 강도는 어떤지, 눌렀을 때 딸각하는 느낌이 있어야 할지도 물어봤죠.

벨 텔레폰 사의 디자이너들이 키패드의 시각적인 레이아웃에 집중했다면 연구원들은 사람들이 제품을 실제로 사용할 때의 느낌에 훨씬 더 관심을 기울였습니다.

자, 다시 현재로 돌아옵시다. 우리가 새롭게 맞이한 시대에는 터치 기반의 핸드폰과 각종 디바이스가 넘쳐납니다. 지금의 디지털 디자이너들과 연구원들 역시 과거에 했던 고민을 똑같이 하고 있습니다.

터치스크린은 디지털디자인과 산업디자인을 결합한다

핸드폰이나 태블릿은 텅 빈 유리판을 우리에게 내보이며 원하는 어떤 화면이든 올려 보라고 합니다. 디지털 디자이너들에게 화면을 디자인하는 것은 새로운 것은 아닙니다. 다만, 손가락으로 작동되는 화면을 디자인하는 경우를 제외하면 말이죠. 당신의 디자인을 손에 들었을 때 어떤 느낌인가요?

손에 잡히는 이 물리적 크기는 우리를 시각디자인 그 자체를 넘어 다른 디자인 분야로 이끕니다. 터치를 다루게 되는 순간, 우리는 물리적 형태를 지닌 것을 다루는 산업디자인 분야로 들어갑니다. 어떤 제품을 실제로 사용할 때 물리적으로 다루기 힘들거나 어색하면 그 제품에 실망하듯이, 사용자가 터치스크린을 손에 쥐었을 때 그 인터페이스가 쓰기 불편하다면 그것은 잘못된 디자인입니다. 이처럼 손가락과 디지털 화면 사이의 상호작용이 터치를 위한 디자인의 핵심입니다.

어떻게 디바이스를 잡는가

손과 손가락이 디바이스의 어느 부분에 닿습니까? 이것은 이 책에서 다루는 모든 폼 팩터 form factor[1]를 관통하는 중요한 질문입니다. 이에 대한 답은 쓰기 편하고 효율적인 레이아웃을 어떻게 디자인할 수 있는지 알려줍니다. 우리는 핸드폰, 패블릿, 태블릿 그리고 노트북을 모두 다른 방법으로 손에 듭니다. 그러니 각종 터치스크린이 그에 맞는 UI 기준을 가지는 것은 어찌 보면 당연하죠.

---

1 폼 팩터: 컴퓨터 하드웨어의 크기, 구성, 물리적 배열을 말한다(출처: 한국정보통신기술협회의 IT용어사전).

그렇지만 이 디바이스 간에는 많은 일관성이 있으며 특히 엄지손가락은 아주 중요한 역할을 합니다. 우리는 작은 핸드폰이든 커다란 태블릿이든 대부분 엄지손가락으로 화면을 누릅니다. 이 사실은 모든 디바이스에 적용되는 탄탄한 가이드라인을 형성하는 데 도움을 줍니다. 이번 장에서는 엄지손가락이 왜 그리도 중요한지를 살펴보고, 다양한 크기의 터치스크린을 잡는 방법에 기초한 '엄지손가락의 법칙'에 대하여 알아봅시다.

우리가 가장 많이 사용하는 디바이스는 단연 스마트폰입니다. 깨어 있는 시간 중 20% 이상 스마트폰을 들여다보고 있으며, 하루 평균 221번 열어봅니다(http://bkaprt.com/dft/01-02/). 우리에게 가장 익숙한 이 디바이스부터 시작해봅시다.

핸드폰을 손에 쥐다

2013년 스티븐 후버Steven Hoober는 거리에서 핸드폰을 사용하고 있는 1,300명이 넘는 사람들을 관찰했습니다(http://bkaprt.com/dft/01-03/). 그는 사람들이 거의 세 가지의 기본 그립grip 중 한 가지로 핸드폰을 들고 있음을 발견했습니다. 한 손으로만 사용하는 경우가 49%로 가장 많았죠. 한 손으로 핸드폰을 받치고 다른 손으로 화면을 탭하는 경우가 36%, 나머지 15%는 마치 블랙베리BlackBerry 애용자들이 취하는 자세처럼 두 손으로 핸드폰을 감싸들고 양손의 엄지손가락을 사용했습니다(그림 1.2).

이 연구는 사람들이 전화를 사용하는 습관에 대해 알려줬습니다. 그것은 편의성과 상황에 맞추어 그립을 자주 바꿔가며 사용한다는 사실이죠. 한 손만 쓰다가 두 손을 모두 쓰기도 하고 왼손과 오른손을 바꾸기도 합니다. 가끔은 다른 일을 하는 동안 아무 생각 없이 화면을 두드릴 때도 있고, 때로는 하던 것을 멈추고 화면에 집중

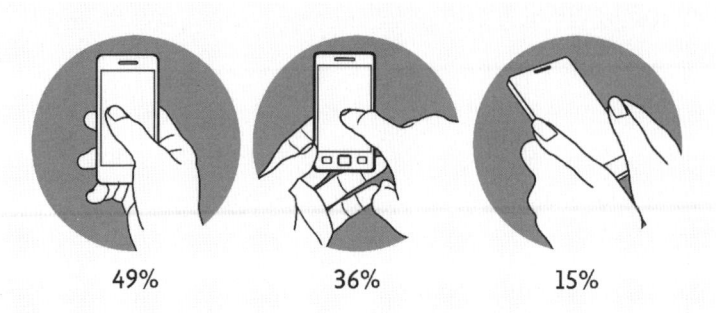

그림 1.2 스마트폰 사용 방식은 세 가지의 기본 그립으로 분류할 수 있으며 사람들은 그립을 바꾸어가며 사용합니다.

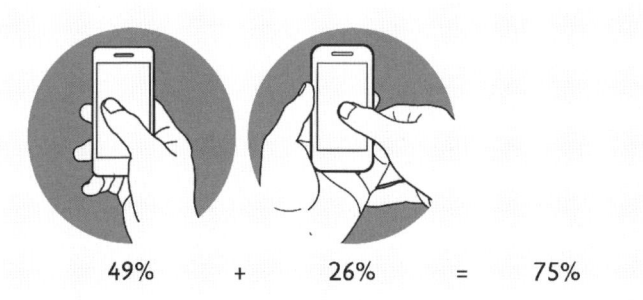

그림 1.3 '손가락으로 사용하기 편리한finger-friendly' 디자인에 관해 자주 논하지만 대부분의 일 처리는 엄지손가락으로 합니다.

하기도 합니다. 게다가 핸드폰을 만질 때는 민첩한 양손잡이가 됩니다. 후버는 한 손으로만 핸드폰을 사용하는 사람 중 2/3가 오른손을 사용한다는 것을 알아냈죠. 이 수치는 사용자의 다수를 차지하지만, 실제 오른손잡이의 비율인 90%보다 적습니다. 이는 대다수 사람들이 주로 사용하는 손으로는 글을 쓰고, 커피를 마시고, 아이를 안고, 혹은 터치에 대한 디자인 서적을 읽는 한편, 잘 쓰지 않는 손으로 핸드폰을 만진다는 것을 의미합니다.

이렇듯 한 가지 그립만 고수하는 사람은 거의 없는데도 디자이너는 한 손 그립에만 몰두하죠. 이러한 디자인은 엄지손가락을 피곤하게 합니다. 한 손으로 핸드폰을 들고 있을 때, 화면을 가장 편하게 누를 수 있는 손가락은 엄지손가락입니다. 심지어 두 손으로 핸드폰을 들고 있을 때도 주로 엄지손가락으로 화면을 누르죠. 한 손으로 핸드폰을 들고 다른 손으로 화면을 터치하는 사람들의 대부분도 엄지손가락을 이용합니다. 이를 종합하면 말 그대로 '엄지 척 thumbs up'이라 할 수 있죠. 핸드폰과의 전체 상호작용 중 75%를 엄지손가락이 도맡고 있으니 말입니다(그림 1.3).

핸드폰의 엄지 존 thumb zone

엄지손가락으로 대부분의 화면 영역을 사용할 수 있지만, 대다수 대형 핸드폰의 경우에 편하게 사용할 수 있는 영역은 화면의 1/3 정도에 불과합니다. 바로 엄지손가락의 반대편 하단 영역입니다. 예를 들어 오른손으로 핸드폰을 쥐고 있을 때, 엄지손가락 끝은 화면의 왼쪽 하단 코너 쪽으로 자연스럽게 둥근 활 모양을 그리며 떨어집니다. 이 영역 안에서는 엄지손가락을 뻗을 필요도 없으며, 핸드폰을 움직여 다시 잡아야 할 필요도 없습니다. 두 손 그립의 경우에도 활 모양은 그대로 유지되지만, 엄지손가락을 더 많이 움직일 수 있으므로 이 영역은 더 커집니다.

하지만 편안함과 정확도가 완벽하게 일치하지는 않습니다. 알리바바Alibaba의 퀴안 페이Qian Fei의 연구에 따르면(http://bkaprt.com/dft/01-04/, 가입 필요), 이 편한 영역 안에서도 엄지손가락으로 탭할 때 가장 정확하게 누를 수 있는 별개의 부채꼴 모양 영역이 있다고 합니다. 그녀가 알아낸 또 다른 사실은 오른손잡이 사용자의 경우 엄지 존 안에서도 화면 하단 코너와 상단 오른쪽 코너에서 정확도가 떨어진다는 것이었습니다(그림 1.4).

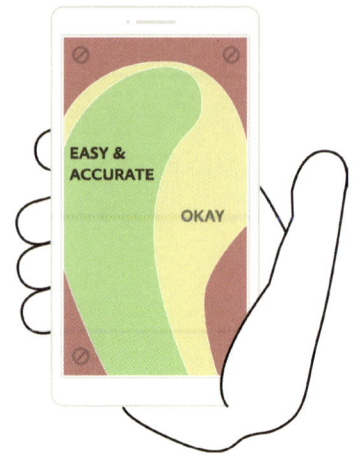

그림 1.4 녹색으로 표시된 엄지 존은 한 손 그립의 사용자가 가장 편안하고 정확하게 터치할 수 있는 영역입니다. 빨간색으로 표시된 곳은 사용을 피하거나, 사용 시 다른 곳보다 터치 영역을 크게 확보해야 합니다.

    왼손잡이의 경우는 어떨까요? 엄지 존은 오른쪽에서 왼쪽으로 뒤바뀝니다. 그러나 대부분 사람들은 상황에 따라 양손을 쉽게(그것도 자주) 바꾸어 가며 사용하기 때문에 오른손잡이인지 왼손잡이인지 구분하는 것은 그다지 중요하지 않습니다. 그럼에도 불구하고 화면을 어느 한쪽 손에 맞춰 최적화하면 다른 쪽 손으로 사용하기가 어려워집니다.

    가장 좋은 솔루션은 핵심 기능을 왼손 엄지 존과 오른손 엄지 존이 겹치는 화면 중앙에 배치하는 것입니다.

    결론적으로 말하자면 오른쪽인지 왼쪽인지의 문제보다 위쪽인지 아래쪽인지의 문제가 더 중요합니다. 화면 상단은 손가락을 뻗어야 쓸 수 있지만, 화면 하단은 어느 쪽 손을 사용하더라도 가장 편하게 쓸 수 있는 영역입니다. 이 법칙은 화면이 크든 작든 상관없이 모든 핸드폰에 적용할 수 있습니다. 하지만 핸드폰의 크기가 점차 커짐에 따라 사용자에게 화면 상단은 더 쓰기 힘든 영역이 되고 있습니다.

그림 1.5 삼성 7인치 갤럭시 W 혹은 그와 비슷한 대형 디바이스는 핸드폰과 태블릿의 경계를 허물었습니다. (사진 출처: 삼성, http://bkaprt.com/dft/01-06/)

널찍한 패블릿

아이폰이 처음 출시된 이후 뒤따르던 1세대 디바이스는 꾸준히 4인치(대각선 기준) 이하의 화면을 선보였습니다. 한 손으로 사용하기 편한 크기였죠. 그러나 2014년 중반쯤 핸드폰 시장에 더 큰 디바이스가 밀려 들어오면서 이를 통한 모바일 웹 접속이 전체의 1/3을 차지하게 되었습니다(http://bkaprt.com/dft/01-05/). 패블릿 Phablet 이라는 다소 모호한 명칭이 붙은 이 7인치 정도의 대형 디바이스는 핸드폰과 태블릿 사이의 영역을 채웁니다(그림 1.5). 이를 어쩌면 좋을까요… 우리의 핸드폰이 커져버리고 말았습니다. 아래로도, 그리고 옆으로도 말입니다.

사람들은 커다란 패블릿을 작은 핸드폰처럼 사용합니다. 앞서 이

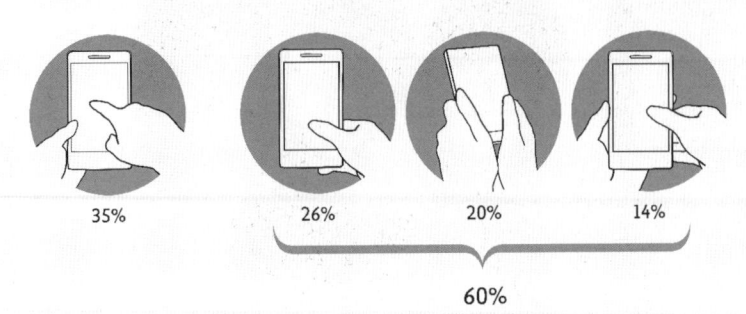

그림 1.6 그립 별로 비교해 보면 검지손가락을 사용하는 그립의 비율이 제일 높지만, 통틀어 보면 엄지손가락을 사용하는 그립이 더 많습니다.

앞서 이야기한 핸드폰의 세 가지 기본 그립이 여기에도 적용됩니다. 하지만 작은 크기의 디바이스를 쓸 때와는 달리, 패블릿 사용자는 화면 전체를 사용하기 위해 그립도 자주 바꿀 뿐만 아니라 양손을 모두 사용합니다.

후버와 패티 생크가 실시한 또 다른 연구에 따르면 패블릿 사용자는 사용 시간의 70% 이상을 양손 모두 사용하고 있다고 합니다(http://bkaprt.com/dft/01-07/, 가입 필요). 세 가지 기본 그립 중 가장 많이 사용된 것은 한 손으로 패블릿을 들고 반대편 검지손가락으로 화면을 누르는 그립으로, 전체 사용 시간의 35%를 차지했습니다. 그렇지만 엄지손가락은 여전히 포인터 역할을 합니다. 패블릿 사용자가 한쪽이든 양쪽이든 엄지손가락을 사용한 시간은 총 사용 시간의 60%에 달합니다.

패블릿의 엄지 존

패블릿에서도 엄지손가락을 많이 사용하기 때문에 엄지 존은 4~7인치 화면에서도 작은 핸드폰에서만큼이나 아주 중요합니다.

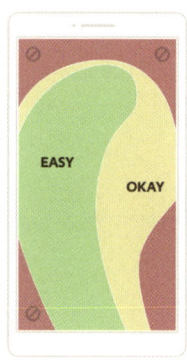
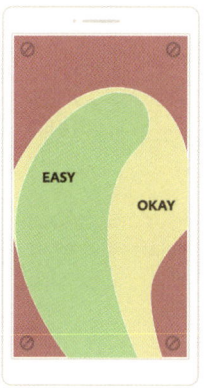

그림 1.7 디바이스의 크기 때문에 새끼손가락으로 받쳐서 사용해야 할 경우 엄지 존의 크기와 모양은 변합니다.

단, 여기에 한 가지 주의할 것이 있습니다. 패블릿 사용자는 두 엄지손가락을 동시에 사용하는 경우가 많아서 이로 인해서 화면 하단에 서로 대칭하는 엄지 존 두 개가 겹치는 영역이 만들어집니다. 또한, 화면 상단에는 닿기 어려운 넓은 영역이 생겨납니다. 이 겹치는 엄지 존은 사용 빈도가 높은데도 불구하고 최적화할 부분은 아닙니다. 패블릿에서 한 손 그립을 사용하는 비율이 25%에 지나지 않지만, 디자이너들은 이 경우를 훨씬 더 중요하게 취급합니다. 그 이유는 이것이 디바이스 사용성을 보장하는 최소한의 범위이기 때문입니다.

여기서 우리는 모든 폼 팩터에 적용할 수 있는 첫 번째 엄지손가락의 법칙을 얻게 됩니다. 사람들이 디바이스를 쥐는 방식에 상관없이 가장 불편한 손 위치로도 사용할 수 있는 인터페이스를 제공해야 한다는 것입니다. 즉 디자이너는 패블릿에서도 한쪽 엄지손가락을 사용하는 그립을 목표로 삼아야 한다는 뜻이죠.

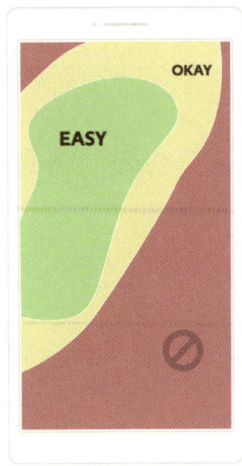

그림 1.8 한 손으로 패블릿의 좀 더 높은 부분을 쥐는 경우 더 큰 엄지 존을 확보할 수 있지만, 화면 하단 절반은 전혀 사용할 수 없게 됩니다.

    여기 까다로우면서도 놀라운 점이 한 가지 있습니다. 패블릿에서의 한 손 엄지 존은 핸드폰에서보다 더 작다는 것입니다. 핸드폰 크기가 커지더라도 일정 크기에 도달하기 전까지는 엄지 존이 화면 하단의 거의 같은 위치에서 그 모양을 유지합니다. 하지만 그 이상이 되면 패블릿을 안정적으로 쓰기 위해 사람들이 그립을 바꾸기 때문에 이야기가 달라집니다. 사람들은 큰 핸드폰을 제대로 지탱하기 위해 새끼손가락으로 디바이스 아래를 받치게 되죠. 그런데 이런 식으로 핸드폰을 쥐면 엄지손가락의 활동 반경이 줄어듭니다(그림 1.7).

    핸드폰을 한쪽 손으로만 사용하기를 고집하는 사람들도 있습니다. 이들은 엄지손가락이 닿지 않는 영역을 사용하고자 할 때 핸드폰을 조르듯 잡은 채 손을 위로 옮겨가서 엄지손가락의 영역을 넓힙니다. 이 방법을 쓰면 화면 하단을 잡는 기존의 방법보다 패블릿에서 더 넓은 엄지 존을 확보할 수 있습니다(그림 1.8). 이 장 후반부에서 이것이 가지는 의미에 대해 살펴보려 합니다.

태블릿: 다양한 크기의 화면은 더 많은 경우의 수를 뜻한다

핸드폰과 패블릿을 사용할 때는 세 가지의 기본 그립이 통용되지만 아쉽게도 태블릿은 그렇지 않습니다. 다양한 크기의 화면은 더욱 다양한 그립 방식을 만들어내는데 이를 예측하기란 어렵습니다. 엄지손가락의 법칙은 여전히 유효하지만, 우리의 골머리를 썩이는 한 가지 요소가 추가됩니다. 바로 하나의 디바이스 안에서도 자세에 따라 엄지 존이 옮겨 다닌다는 것입니다.

아이패드같이 큰 태블릿을 사용할 때 우리는 보통 두 손을 함께 사용합니다. 서서 사용하는 경우, 디바이스의 아래쪽에 너무 가깝게 잡으면 무게 균형을 잃고 넘어가기 때문에 양쪽 사이드를 잡게 됩니다. 마치 클립보드를 사용하듯 한쪽 팔로 디바이스 뒷면을 받히고 다른 손으로 화면을 사용하는 사람도 있습니다. 하지만 보통은 태블릿을 앉아서 사용할 때가 더 많습니다. 후버와 생크의 연구에 따르면, 앉은 자세로 사용하는 비율이 핸드폰의 경우 19%인 데 비해 태블릿의 경우는 88%인 것으로 나타났습니다. 책상에 앉은 자세일 경우 디바이스의 하단 1/3 지점을 한 손으로 잡고 다른 손으로 화면을 누릅니다. 소파에 등을 기대고 앉은 자세에서는 배나 담요 위에 디바이스를 올려두고 한 손만 이용해 디바이스를 사용합니다.

각각의 자세는 디바이스를 잡는 그립뿐만 아니라 우리가 디바이스를 얼마나 멀리 잡는지에도 영향을 줍니다. 사람들은 보통 서 있을 때 디바이스를 가장 가깝게 잡고, 등을 기대고 앉았을 때 가장 멀리 두는 경향이 있죠. 가로 모드와 세로 모드 사용에 대한 선호도 역시 명확하지는 않지만, 40대 60으로 세로 모드 사용 빈도가 조금 더 높습니다.

화면 크기가 크고 무거워질수록 사람들은 자주 디바이스를 내려 두고 사용합니다. 후버와 생크는 사람들이 큰 태블릿의 경우 세 번 중 두 번 정도 내려놓는다는 것을 발견했습니다. 우리는 큰 디바이스의 경우 총 사용 시간의 40%를 책상이나 다리 위 같이 평평한 곳에 내려놓고, 22%를 스탠드에 세워놓고 사용합니다(7~8인치의 작은 태블릿은 다루기가 쉬우므로 69%가 손으로 들고 사용합니다). 이러한 화면 위치와 각도 때문에 태블릿을 기존의 모니터 화면을 다루듯 사용합니다. 그리고 이런 사용법은 앞으로 이 책에서 다룰 터치와 키보드를 함께 사용하는 하이브리드 디바이스(편집자 주: 이하 '하이브리드'로 축약)의 사용 패턴에 가깝다고 볼 수 있습니다.

태블릿의 엄지 존

태블릿은 크고 무거워서 한 손으로 쓰기 어려우므로 대부분의 경우 양손을 모두 사용합니다. 여기에서도 역시 엄지손가락은 중요한 역할을 합니다. 우리는 보통 태블릿의 양쪽 에지(가장자리)를 잡습니다. 디바이스를 잡는 위치는 조금씩 움직이더라도 엄지손가락은 대게 화면 중간이나 그 조금 위에 자리잡습니다. 이 그립의 경우 엄지손가락에 가까운 화면의 양쪽 사이드와 상단 코너가 터치하기에 편합니다(그림 1.9). 그에 반해, 화면 상단과 하단 에지는 아주 까다로운 영역이 됩니다. 특히 하단은 엄지가 거의 닿지 않을 뿐더러 때에 따라 잘 보이지도 않기 때문에 사용하기 더욱 어렵습니다. 게으르지만 아마도 가장 흔한 경우인 누운 자세에서는 디바이스의 아래쪽 베젤bezel[2]이 이불이나 옷, 혹은 뱃살 속으로 사라져 버립니다.

2   베젤(bezel): 원뜻은 보석의 빗면이나 보석, 시계 유리 등을 끼우는 홈을 말한다. 또한, 컴퓨터 케이스에서 주변 장치를 연결하는 부분을 제외한 전면 부분을, 또 TV나 모니터에서는 브라운관이나 LCD · PDP 패널을 연결하는 부분의 전면부를 가리키기도 한다.(출처: 한경 경제용어사전)

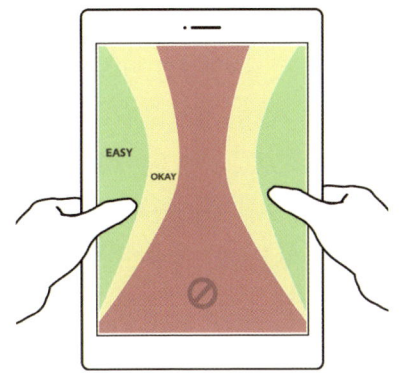

그림 1.9 태블릿을 사용할 때는 양옆을 잡는 경우가 많아서 핸드폰을 사용할 때와는 엄지 존 위치가 완전히 달라집니다.

물론 화면 중앙도 자주 사용합니다. 화면 크기가 커지면 우리 손도 더 넓은 영역을 돌아다닙니다. 하지만 화면 곳곳을 아주 쉽게 옮겨 다니는 마우스 커서와는 달리 손가락은 팔 무게 때문에 하단으로 치우쳐 있습니다. 그리고 이 근육질의 포인터를 어깨까지 올려서 화면으로 옮겨 가는 데는 노력이 필요하죠.

따라서 인터페이스로 인해 운동한 듯한 피로감을 느끼게 해서는 안 됩니다. 자주 사용되는 컨트롤은 엄지손가락이 쉽게 닿을 수 있는 곳에 모아둡시다. 엄지손가락을 움직이는 것 때문에 땀을 흘릴 사람은 없을 테니까요.

키보드를 얹은 하이브리드와 노트북

화면 크기의 변화는 디바이스를 잡는 방식에 지대한 영향을 미치지만, 여기에 키보드가 더해지면 그보다 더 많은 것이 흔들릴 수 있습니다. 키보드를 사용하기 위해 손과 팔의 위치도 달라지고 그에 따라 자세도 바뀝니다. 최근까지만 해도 터치스크린과 키보드를 함께 사용하는 하이브리드가 눈에 잘 띄지 않았습니다. 그러던 중 윈도우 8^{Windows 8}이 출시되었습니다.

2012년, 세계에서 가장 많이 사용되는 운영체제인 윈도우는 전면적인 개편을 단행하면서 터치 방식을 데스크톱에 적용했습니다. 그 결과, 터치스크린 노트북과 태블릿-키보드 콤보라는 새로운 종류의 터치 디바이스가 시장에 쏟아졌습니다. 이로 인해 새로운 인체공학적 환경이 조성되었으며… 디자이너에게는 풀어야 할 몇 가지 과제가 생겨난 셈이죠. 그 과제란 하이브리드를 사용하기 위해서는 키보드와 터치스크린 사이에서 손을 움직여야 한다는 것입니다. 하이브리드가 나타나기 이전 세대에서는 많은 사람이 인체공학적으로 적합하지 않다며 이를 거부했습니다. 손을 앞뒤로 왔다 갔다 움직이는 것은 힘들 뿐만 아니라 피로감이 쌓인다는 이유에서였죠. 그 피로감을 '고릴라 팔^{Gorilla arm}'이라 불렀습니다. "허공에 대고 팔을 계속해서 휘젓는 걸 좋아할 사람이 어디 있느냐."며 영화 〈마이너리티 리포트^{Minority Report}〉와 〈아이언 맨^{Iron Man}〉에 등장하는 공상 과학적 인터페이스를 비꼬아 붙인 이름입니다. 2010년에 스티브 잡스^{Steve Jobs}는 무시하는 어조로 이렇게 말했습니다. "터치 서피스^{surface}를 수직으로 두어서는 안 됩니다. 시연할 때는 정말 멋져 보이지만 얼마 가지 않아 금세 피로감을 느끼게 되고, 오랜 시간 사용하면 팔이 떨어질 것같이 아플 것입니다(http://bkaprt.com/dft/01-08/)."

하지만 이런 걱정은 불필요한 것이었죠. 인텔^{Intel}의 한 연구를 통해 사람들은 이 새로운 디바이스에서 마우스나 키보드 대신 전체 사용 시간의 77%를 터치스크린으로 사용한다는 사실이 밝혀졌습니다(http://bkaprt.com/dft/01-09/). 구식 마우스 커서가 주는 가용성과 정확성에도 불구하고 사람들은 터치스크린이 훨씬 친밀하고 직접적인 느낌이라고 말했습니다. 이런 감정적 반향을 기록한 또 다른 연구가 있습니다. 사람들이 웹사이트에서 마우스로 클릭한 제품보다 손으로 '터치'한 제품에 더 많은 가치를 부여한다는 것이었죠

(http://bkaprt.com/dft/01-10/). '터치'가 이루어질 때 차가운 픽셀pixel에 불과하던 대상에 온기가 입혀지면서 감정 이입이 일어나는 것이죠. 이에 대해서는 4장 제스처 인터페이스gestural interface에서 더 깊이 알아보겠습니다.

이런 매력은 잠시 접어두고 다시 본론으로 돌아옵시다. 인텔의 한 테스터가 하이브리드를 '추가 장비가 있는 노트북'이라고 표현한 것처럼 이 디바이스에서의 터치스크린은 마우스를 완전히 대체하는 것이 아니라 함께 사용할 수 있는 추가 구성품으로 봐야 합니다. 사람들은 하이브리드를 사용할 때 터치, 키보드, 마우스, 트랙패드 중 가장 편한 입력 수단을 향해 손을 쉽게 옮깁니다. 하지만 이는 앞뒤로 팔을 많이 움직여야 하므로 고릴라 팔 문제를 악화시킨다고 생각할 수도 있습니다. 그렇다면 왜 사용자는 팔이 아프다고 쉽게 느끼지 않는 것일까요? 이는 팔을 들지 않고도 터치스크린을 사용하는 방법을 금세 알아냈기 때문입니다. 존 와렌John Whalen의 연구에 의하면, 팔과 키보드를 나란히 바닥에 내려둔 채 화면 하단 코너 부근에서 손을 느슨히 풀고 있는 자세를 취한다고 합니다(http://bkaprt.com/dft/01-11/).

하이브리드의 엄지 존

손이 화면 코너에 위치하는 이 자세는 하이브리드의 엄지 존을 정합니다(그림 1.10). 다시 한번 말하지만, 터치 대상을 엄지손가락이 닿기 편한 영역 안에 배치하면 탭하기 쉽습니다. 특히 하이브리드의 경우 팔을 들어 올리는 동작을 피할 수 있습니다. 그렇지만 모든 사람이 하단 그립을 사용하는 것은 아닙니다. 특히 하이브리드 입문자는 인터페이스 전체를 돌아다니다가 검지손가락으로 화면을 누르는 등 자유로운 방법을 사용합니다. 이것은 디자이너에게 고민거리를 하나 안겨줍니다. 바로 검지 존과 엄지 존은 서로 반대의 영역

인터페이스의 물리성 **33**

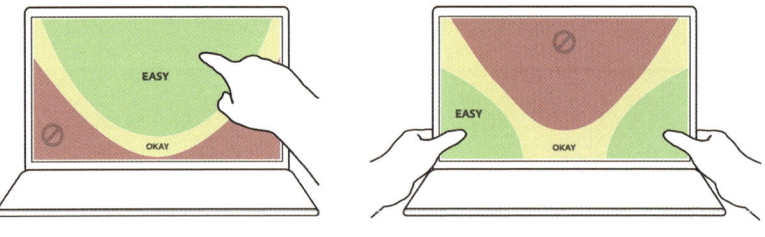

그림 1.10 하이브리드의 엄지 존은 화면 하단 코너 부분으로 검지 존과 거의 반대되는 곳에 자리잡습니다.

에 자리한다는 점입니다. 검지손가락 사용자에게 화면 중앙은 사용하기 쉬우나 화면 코너 사용은 문제가 됩니다. 엄지손가락에 최적화하면 검지손가락 사용자에게 좋지 않은 경험이 되고, 그 반대의 경우도 결국 매한가지입니다. 둘 중 하나의 레이아웃으로 결정해야 하는데, 다른 모든 터치 디바이스와 마찬가지로, 하이브리드 관련 연구도 엄지 존을 지지합니다. 하이브리드를 실제로 사용하다 보면 고릴라 팔 현상 때문에 양팔을 나란히 바닥에 내려두고 엄지손가락으로 모든 것을 처리하는 방법을 선호하게 되기 때문이죠(그림 1.11).

그리고 이 사실은 지금까지 검토한 모든 폼 팩터를 관통하는 놀라운 일관성 하나를 알려줍니다. 화면 크기와 관계없이 모든 일을 처리하는 것은 엄지손가락이라는 점입니다. 엄지손가락은 최소한의 노력으로 가장 편한 동작 범위를 가져다줍니다. 이 물리적 편안함이 앞서 언급한 벨 텔레폰 사의 연구진뿐만 아니라 모든 산업 디자이너가 인터페이스를 디자인할 때 고려해야만 했던, 바로 그것입니다. 여러분 역시 디지털 인터페이스의 레이아웃을 결정할 때 이런 인체공학적 고려 사항을 검토하길 바랍니다. 자, 이제부터는 터치 디자인을 위한 일반적인 원칙을 시작으로 다양한 디바이스에 맞춘 개별적 가이드라인을 살펴봅시다.

그림 1.11 하이브리드 터치스크린에 익숙한 사용자는 화면 안쪽의 깊은 곳까지도 엄지손가락을 이용합니다. (사진 출처: 인텔 프리 프레스, http://bkaprt.com/dft/01-12/, http://bkaprt.com/dft/01-13/)

손에 들고 쓰는 디바이스를 위한 레이아웃

축하합니다! 지금까지 잘 따라와 준 여러분은 손가락과 엄지손가락으로 매일 사용하는 디바이스를 어떻게 터치하는지를 제대로 이해하게 되었습니다. 이제는 그 지식을 어떻게 실제 디자인에 적용할 것인가를 알아볼 차례입니다. 손의 위치, 특히 엄지 존은 컨트롤과 콘텐츠를 어떻게 배치하면 좋은지 알려줍니다. 디바이스 타입에 상관없이 적용되는 몇 가지 근본적인 것을 짚어봅시다.

엄지손가락 법칙

엄지손가락을 기본 포인터로 삼습니다. 이는 자주 쓰는 컨트롤을 앞서 정의한 엄지 존 안에 모아둔다는 것을 뜻합니다. 간과하기 쉽지만 무엇을 엄지 존 밖에 배치할 것인가도 아주 중요한 문제입니다. 데이터를 변경하는 컨트롤과 같은 일부 터치 대상을 엄지 존에서 벗어난 곳에 두세요. 이렇게 의도적으로 조금 불편하게 만들어 피해를 미리 방지할 수도 있습니다. 어떤 것을 쉽게 하고 어떤 것을 살짝 더 어렵게 해야 할까요?

손은 이러한 접근 편의성과 편안함의 문제를 넘어 또 다른 물리적 방해 요소를 만듭니다. 바로 시야를 가린다는 것입니다.

시야를 가리는 손

이제까지 손이 얼마나 열심히 일하는지에 대해 집중했습니다. 하지만 눈도 일하기는 마찬가지입니다. 화면에 손을 올려두고 더듬거릴 때 눈은 손 주위를 둘러보느라 바쁩니다. "가리지 말고 저리 비키렴." 제가 시야를 가렸을 때 어머니께서 자주 하셨던 말씀입니다. 손이 화면을 가리고 있을 때 우리도 같은 것을 요구해야 합니다. 이는 디자인적으로 많은 것을 의미합니다.

그림 1.12 이 클래식한 장치들의 컨트롤이 '콘텐츠'보다 위에 놓인다면 손이나 팔, 혹은 발이 여러분의 작업을 방해하게 됩니다.

콘텐츠는 컨트롤 위에

지난 수백 년간 나온 기계 중 아무거나 떠올려보세요. 그러면 산업디자인의 기본 원칙 중 하나를 발견할 수 있을 것입니다. 바로 콘텐츠가 항상 맨 위에 놓인다는 것입니다. 그 콘텐츠라는 것이 계산 결과 값이든 계량 값이든 혹은 타자기의 종이든지 간에 모두 손으로 동작시키는 컨트롤 위로 보입니다. 이는 손가락이 중요한 내용을 가리지 않도록 하기 위해서입니다(그림 1.12).

지금까지 대부분의 디지털 디자이너는 이런 문제를 신경 쓸 필요가 없었습니다. 데스크톱 환경에서는 일반적으로 '콘텐츠는 상단에 법칙content on top'과 정반대되는 작업을 해왔습니다. 데스크톱 소프트웨어에서는 메뉴를 화면 혹은 작업 창 상단에 두고, 웹사이트에서는 내비게이션을 대부분 페이지 상단에 배치했습니다. 아주 조그만

그림 1.13 대부분의 터치스크린 키보드는 선택된 글자를 터치 영역 위로 보여줍니다. 이는 손가락으로 가려진 탭 영역을 분명히 알려줍니다.

커서가 화면 여기저기를 돌아다니며 모든 일을 처리했으므로 지난 수십 년간 이 법칙을 따르지 않아도 괜찮았습니다. 커서는 빠른 속도로 돌아다니며 고작 몇 픽셀만 가릴 뿐이었죠. 그러나 터치가 도입되면 손가락과 엄지손가락이 커서가 되고 손과 팔을 함께 끌고 다닙니다. 이제는 너무나도 쉽게 시야가 가려집니다.

사용자가 무언가를 터치할 때 그 아래의 모든 콘텐츠뿐만 아니라 터치하고자 하는 그 타깃마저 안 보인다고 가정해봅시다. 이는 컨트롤에 레이블을 붙이고 터치 결과를 표시하는 방법에 영향을 끼칩니다. 커서를 사용할 때는 버튼 색상에 효과를 주어 클릭이 되었음을 나타낼 수 있습니다. 하지만 터치의 경우 손가락 끝에 가려진 상태이므로 색상 변화를 줘도 별 도움이 되지 않습니다. 제대로 눌러졌다는 확인 신호를 터치 타깃보다 위에 표시해야 합니다. 같은 이치로 텍스트 레이블도 컨트롤보다 위에 있어야 합니다.

손에 들고 쓰는 터치 인터페이스는 시선을 인체공학적으로 고려해서 그것에 맞게 레이아웃을 구성해야 합니다. 이런 물리적 제약을 고려하면 특정 패턴이 나타납니다. 콘텐츠는 화면 중앙과 상단으로 모이고, 컨트롤은 코너나 양쪽 에지 및 하단으로 밀려나는 '콘텐츠는 상단에 법칙'입니다. 이 법칙은 아주 간단해 보이지만 화면 크기와 플랫폼 환경에 따라 적용 기준이 달라지기 때문에 지키기 어려운 경우가 꽤 많습니다. 운영체제와 웹 브라우저는 터치가 쉬운 영역을 먼저 차지하기 때문에 디자이너들은 그 영역을 피해서 작업해야 합니다. 이 장의 나머지 부분은 인기 있는 폼 팩터와 플랫폼에 대한 주의 사항과 그에 따른 영향에 대해 알아봅니다. 우선 작은 화면부터 시작해봅시다.

핸드폰을 위한 레이아웃

손가락 사용은 데스크톱 방식의 레이아웃을 뒤집어 놓습니다. 작은 화면용 레이아웃에 있어서는 문자 그대로 위와 아래가 뒤바뀝니다. 터치스크린이 탑재된 핸드폰은 메뉴나 내비게이션과 같은 주요 컨트롤을 화면 하단으로 옮겨오죠. 이로써 터치 대상은 엄지손가락이 편하게 닿을 수 있는 영역 안으로 들어오고, 콘텐츠는 이 영역에서 벗어나게 됩니다. 이러한 패턴은 아이폰iPhone에서 볼 수 있습니다. 탭 바tab bar 혹은 툴바toolbar가 화면 하단에 있어서 엄지손가락이 쉽게 닿을 수 있습니다(그림 1.14).

엄지 존 밖에 배치된 것도 살펴봅시다. iOS의 규약에서는 편집Edit 버튼이 오른쪽 위에 위치하며 엄지 존에서 벗어나 있습니다. 여전히 사용 가능한 위치이지만 닿기 위해서는 약간의 노력이 필요한 곳입니다. 그 이유는 간단합니다. 편집 버튼은 데이터를 변경하기 때문입니다. 데이터를 변경할 수 있는 컨트롤을 손이 잘 닿지 않는 곳에 두는 것은 방어적인 디자인defensive design의 좋은 예입니다. 사람들이 실수로 잘못 누르거나 나중에 후회할 만한 기타 액션을 피할 수 있게 해주죠.

정보를 변경하는 컨트롤이 항상 화면의 주요 영역 밖에 위치해야 하는 것은 아닙니다. 앱의 주요 기능이 정보를 업데이트하는 것이라면, 특히 그 기능이 빈번하게 사용된다면, 해당 컨트롤도 하단

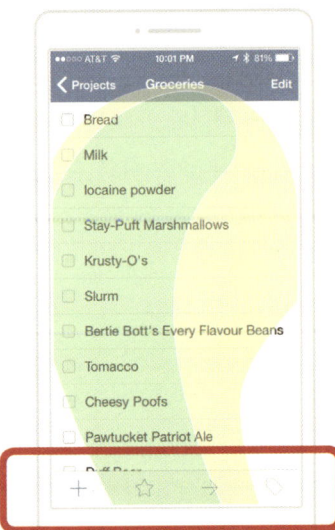

그림 1.14 iOS에서는 엄지손가락이 쉽게 닿는 화면 하단에 툴바가 고정되어 있습니다.

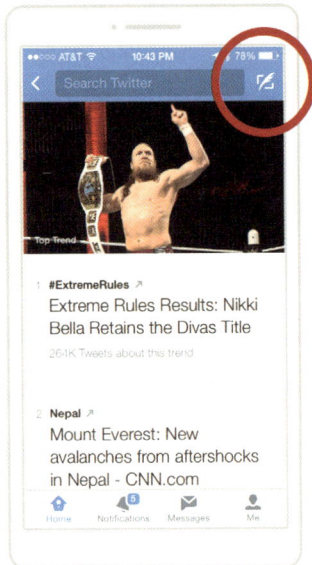

그림 1.15 아이폰용 트위터 앱은 브라우징과 내비게이션을 위한 기능을 엄지 존에 모아두고 트윗하기 버튼을 오른쪽 위로 빼놓았습니다. 이로써 의도치 않은 트윗 작성을 피하도록 합니다(좋은 레이아웃이 악성 트윗도 예방해 줄 수 있으면 좋으련만).

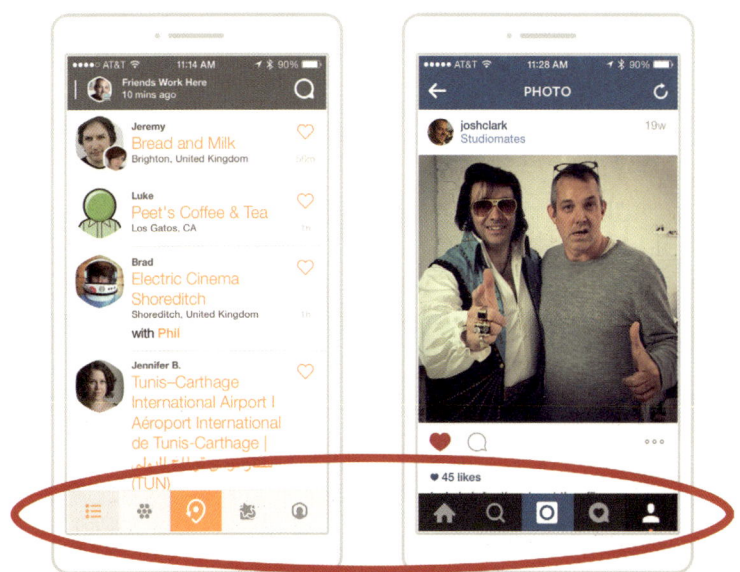

그림 1.16 아이폰용 스웜Swarm(왼쪽)과 인스타그램Instagram(오른쪽)은 사용자가 주요 기능에 빠르게 접근할 수 있도록 레이아웃을 최적화했습니다.

에 배치해야 합니다. 결국, 좋은 디자인은 자주 사용되는 기능을 인체공학적이면서도 효율적으로 최적화합니다. 아이폰용 스웜Swarm과 인스타그램Instagram이 좋은 예입니다. 이들은 사진을 체크인하거나 게시하는 핵심 액션 기능을 화면 하단 정중앙에 배치했습니다(그림 1.16). 이렇듯 버튼을 정중앙에 배치하면 오른손으로든 왼손으로든 똑같이 접근할 수 있는 이점도 챙길 수 있습니다.

　여기까지는 그다지 복잡한 것이 없었습니다. 하지만 우리는 아이폰용 예시만 다뤘습니다. iOS 운영체제의 컨트롤은 앱을 실행하면 사라지기 때문에 디자이너가 플랫폼 자체와 영역 다툼을 할 필요가 없습니다. 하지만 모든 모바일 플랫폼이 이와 똑같지만은 않습니다.

그림 1.17 앱의 컨트롤은 안드로이드 시스템 버튼이나 화면 하단에 있는 다른 컨트롤과도 함께 두지 마세요. 인스타그램Instagram (왼쪽)과 심지어 안드로이드 홈 스크린도 화면 하단을 컨트롤로 가득 채워서 잘못된 탭을 유발하는 실수를 저지르고 있습니다.

운영체제에게 자리 내어주기

플랫폼이 선점한 공간에 대해서는 디자이너가 어찌할 방법이 없으므로 간단해 보이던 '콘텐츠는 상단에 법칙'은 어려워지기 시작합니다. 예를 들어, 안드로이드는 운영체제의 시스템 버튼이 화면 하단부를 독차지하고 있어서 앱 디자이너는 그 영역을 사용할 수 없습니다.

안드로이드Android만 놓고 보자면 엄지손가락의 법칙을 따르고 있지만, 시스템 버튼 때문에 앱의 컨트롤은 어디에 두어야 사용하기 편할지 고민이 됩니다. 만약 앱 디자이너가 콘텐츠는 위에, 컨트롤은 아래에 두고자 한다면 안드로이드의 시스템 버튼 위에 앱 컨트

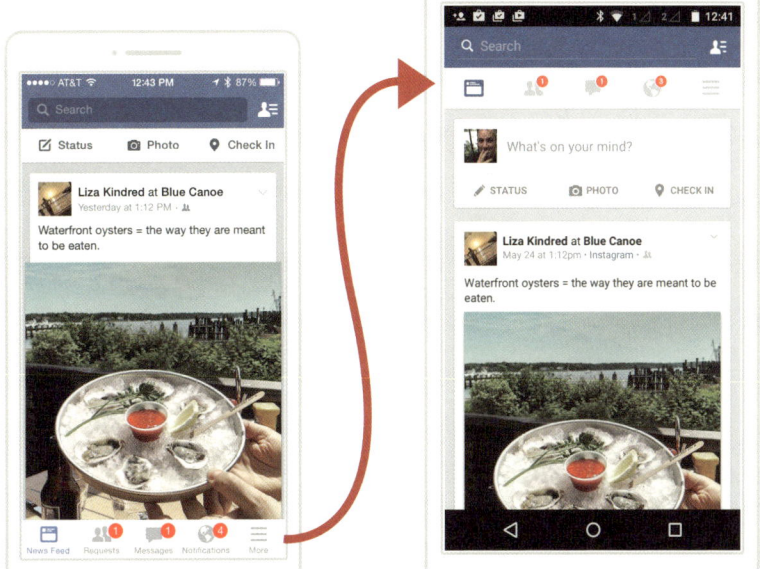

그림 1.18 페이스북은 내비게이션을 iOS 앱(왼쪽)에서는 화면 하단에 배치했습니다. 반면 안드로이드 앱에서는 화면 상단에 배치하여 안드로이드의 시스템 버튼과 뒤섞여 복잡해지는 것을 피하고 있습니다. 이러한 내비게이션의 이동으로 상단 툴바에 있던 상태/사진/체크인은 뉴스 피드 영역 안으로 밀려납니다.

롤을 쌓아 올리는 형상이 되어 버립니다(그림 1.17). 이러한 배치는 잘못된 조작을 불러일으키기 쉽습니다.

    화면 하단뿐만 아니라 터치스크린 인터페이스 어느 위치든 컨트롤을 한곳에 모아두는 것은 결코 좋은 생각이 아닙니다. 터치 대상이 서로 가까이 있으면 잘못 누르기 쉽기 때문입니다. 특히 화면 하단에 컨트롤을 층층이 쌓아 두면 이런 탭 실수가 더 잦아질 수 있습니다. 그 이유 중 하나는 트래픽이 높은 엄지 존에 밀집된 컨트롤은 사용 중 탭 에러를 일으킬 가능성이 매우 높습니다. 또 다른 이유는 컨트롤 위를 오가는 손가락에 화면이 가려지기 때문입니다. 이렇게 되면 엄지 존이 잘 보이지 않기 때문에 제대로 보지 않은 채 눌러

더 많은 실수가 일어나게 됩니다.

안타깝지만 이에 대한 해결책은 컨트롤을 화면 상단에 배치하는 것입니다. 안드로이드 시스템 버튼이 모여 있는 하단을 피해서 말이죠(그림 1.18). 물론 손가락을 위로 뻗어야 하고, 그로 인해 손이 화면 전체를 가리게 되므로 이상적인 해결책은 아닙니다. 하지만 하단에 쌓아 두어 탭 실수를 유발하는 것보다 이 편이 낫습니다. 불편함과 명백한 탭 실수 중 하나를 선택해야 한다면 차라리 불편한 것이 낫습니다.

안드로이드가 돌아가는 작은 화면에서는 앱 내비게이션과 컨트롤 모두 화면 상단에 위치해야 합니다. 이것은 안드로이드 디자인 가이드라인Android design guidelines이며, 디바이스의 홈 버튼이 앱의 컨트롤과 만나지 않는 아이폰과는 정반대가 되는 패턴입니다. 안드로이드는 더 나아가, 화면 상단에서 기본 내비게이션 역할을 하는 액션 바action bar에도 항상 같은 패턴을 적용할 것을 권장합니다.

'콘텐츠는 상단에 법칙'은 언제나 유효하지만, 이는 누가 먼저 이 영역을 차지하느냐에 달려있습니다. 안드로이드는 운영체제이기 때문에 앱이 자리를 양보해야 합니다. iOS에서는 반대로 앱이 화면 하단을 차지할 수 있습니다. 다만 웹 앱은 제외입니다.

브라우저에게 자리 내어주기

사실 웹사이트는 브라우저라고 불리는 에뮬레이터emulator 안에서 작동합니다. 다르게 말하자면 웹사이트는 변수가 아주 많은 앱에 들어가 있는 또 다른 앱입니다. 웹 브라우저가 수행하는 기본 기능은 서로 비슷하지만, 웹 페이지를 표시하는 방법에서는 미묘한 차이를 보입니다. 이는 모든 웹 디자이너에게 두통을 불러일으키는 익숙한 문제이며 터치 디자인에서도 마찬가지입니다. 그 이유는 브라우저마다 가지고 있는 컨트롤도 다양하지만 이를 화면에 뿌리는 방법 또한 천

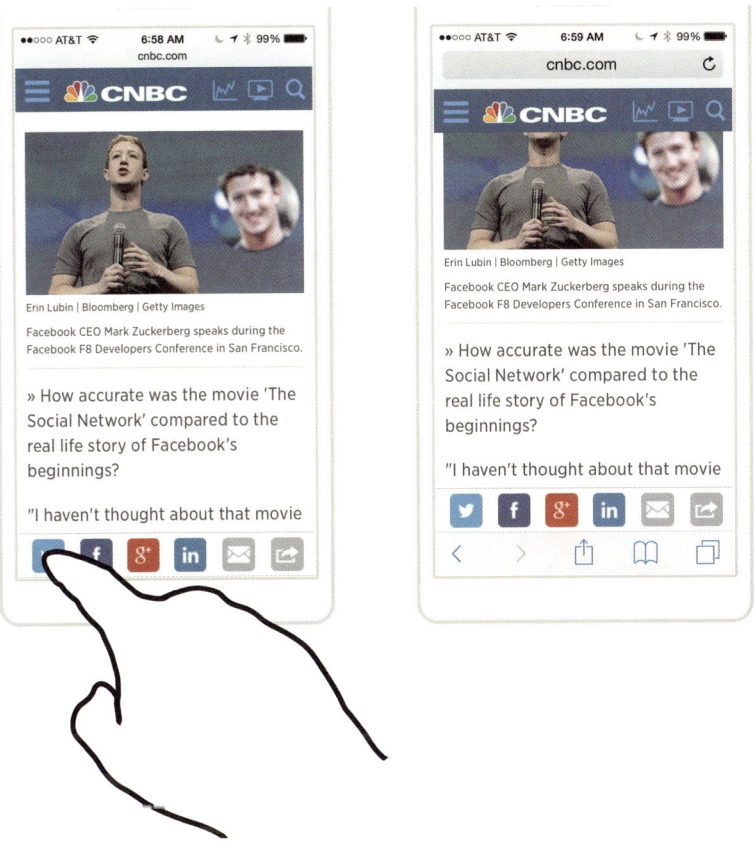

그림 1.19 iOS에서 화면 하단의 링크를 탭하면(왼쪽) 해당 링크가 활성화되는 대신 사파리의 툴바가 나타납니다. 툴바의 공간 확보를 위해 웹 페이지는 위로 스크롤되기 때문에 누르려던 링크를 쫓아 올라가 다시 한번 탭해야 합니다.

차만별이기 때문입니다. 화면 하단에 있는 버튼, 상단에 있는 버튼, 그리고 스크롤하는 방법이나 페이지 어느 위치에 있는지에 따라 나타났다가 사라지기도 하는 버튼 등 각 브라우저만의 컨트롤 및 표시 방법이 조합되어 만들어지는 경우의 수를 헤아리다 보면 두통은 점점 심해집니다.

이렇게 뒤죽박죽인 브라우저는 웹사이트 내 UI와 예상치 못한 경쟁을 벌이게 됩니다. 예를 들어 브라우저 컨트롤이 화면 하단에 있는 아이폰 사파리Safari를 생각해봅시다. 웹사이트 내비게이션을 사이트 하단에 고정하면 브라우저 툴바toolbar 위에 웹사이트 내비게이션을 올려두는 상황이 됩니다. 앞서 본 안드로이드의 시스템 버튼과 같은 문제가 생깁니다.

그리고 한 가지 더 복잡한 문제가 있습니다. 사파리를 비롯한 몇몇 브라우저는 사용자가 페이지를 스크롤할 때 화면 하단에 있는 툴바를 숨겼다가 화면 하단을 탭하면 다시 보여줍니다. 사이트 하단에 있는 버튼이나 링크를 누르려고 탭하면, 숨어있던 브라우저의 컨트롤이 나타나면서 누르려던 버튼이나 링크를 위로 옮겨 버립니다. 사용자는 위로 쫓아가 한 번 더 탭을 해야 합니다(그림 1.19).

여기서 우리는 몇 가지 디자인 원칙을 발견할 수 있습니다.

웹 내비게이션을 화면 하단에 고정해서는 안 됩니다. 현존하는 기술적인 문제는 이 원칙을 더욱 중요하게 합니다. 웹디자이너들은 CSS의 `position:fixed`를 이용해 디자인 요소를 화면에 고정하는 것에 익숙하죠. 하지만 모바일 브라우저에서 이런 작업을 시도하면 사용자는 금세 짜증을 느끼게 될 것입니다. 위치를 고정하는 CSS는 모바일 웹 브라우저에서 예상치 못한 결과를 보이고, 그 고정 위치 또한 불규칙적이기 때문입니다.

일부 브라우저에서는 고정되어야 할 요소들이 스크롤할 때마다 흔들거리거나 떨림 현상을 보입니다. 또 어떤 브라우저에서는 페이지와 함께 스크롤되었다가 본래 자리로 되돌아오기도 하죠. `position:fixed`에 전혀 반응하지 않는 브라우저도 여전히 존재합니다. 이것은 우리가 여기에 들인 노력이 그다지 의미가 없다는 것을 보여주는 아주 씁쓸한 결과입니다. 그 이유는 모바일 웹에서 내비게이션 위치를 고정하는 것 자체가 처음부터 잘못된 생각이기 때문입니다.

웹 내비게이션을 상단에 고정해서도 안 됩니다. 어느 위치가 되었든 화면 위에 고정 툴바fixed toolbars를 사용하는 것은 좋지 않습니다. 브라우저 자체의 버튼이 이미 화면의 물리적 공간을 차지하고 있으므로 마지막으로 시도할 수 있는 일은 상단에 원하는 버튼을 배치하여 콘텐츠를 밀어 내리는 것입니다. "하지만 핸드폰은 점점 커지고 있다"고 주장하는 이들도 있습니다. 정말 작은 툴바를 위한 공간 정도는 만들 수 있는 것일까요?

어떤 화면이 커지는 동안 어떤 화면은 작아졌습니다. 작은 화면을 가진 스마트워치smartwatch에서는 여러 가지 실험이 활발하게 진행되고 있으며, 물리적인 키보드가 탑재된 일부 핸드폰은 여전히 우표만 한 크기의 화면을 유지하고 있습니다.

모든 화면이 보편적으로 널리 사용되는 스마트폰의 화면 크기라고 가정해서는 안 됩니다. 심지어 가장 큰 스마트폰도 가로 모드로 사용하면 화면 높이가 현저히 줄어서 웹사이트가 제대로 보이지 않습니다. 바니스Barney's 백화점의 모바일 사이트가 반응형 웹 디자인responsive design으로 교체되기 전에는 로고와 툴바가 화면 상단에 고정되어 있었습니다.

폰을 세로 모드로 사용할 때에는 대부분 정상적으로 보였지만, 가로 모드에서는 콘텐츠가 화면에서 거의 사라졌습니다(그림 1.20). 더 심각한 문제는 스크롤하기 위해서 상단의 로고와 툴바 부분을 스와이프할 때 발생했습니다. 로고와 툴바는 화면에 고정된 요소이기 때문에 스와이프가 적용되지 않아 아무 일도 벌어지지 않았던 것이죠. 스크롤을 하려면 손톱만큼 보이는 콘텐츠 영역을 스와이프해야만 했는데, 이 때문에 그렇지 않아도 서툰 손가락질은 더 어려

인터페이스의 물리성

그림 1.20 이것이 블라니크Blahnik 브랜드의 하이힐이라는 것을 알아보는 사람이 얼마나 될까요. 바니스Barney's의 예전 모바일 사이트는 세로 모드에서 볼 때는 이렇게 멋진 하이힐을 가로 모드로 변경되는 순간 볼품없는 플랫슈즈로 바꾸어 버렸습니다. 툴바 사이에 샌드위치처럼 끼어서 말입니다.

위졌습니다. 사용할 수 있는 화면 높이가 너무 좁은 바니스의 예전 웹사이트 디자인은 실패한 것이었습니다.

고정된 툴바는 둘째 치더라도 페이지 상단은 작은 화면에서 내비게이션을 배치하기에 적합하지 않습니다. 페이지의 다른 부분들과 함께 스크롤할 수 있게 하더라도 말입니다. 제한된 공간에서 컨트롤을 화면 상단에 배치하는 것은 낭비이며 콘텐츠를 바로 보여주도록 해야 합니다.

《모바일 우선주의Mobile First》의 저자 루크 로블르스키Luke Wroblewski는 "사용자와의 첫 대면을 콘텐츠가 아닌 내비게이션 옵션 리스트로 시작하는 모바일 웹 경험이 너무도 많습니다"라고 주의를 줍니다(http://bkaprt.com/dft/01-14/). "모바일에서 시간은 매우 귀중하며 다운로드에는 돈이 들어갈 수 있으니 최대한 빨리 사용자가 원하는 것을 얻을 수 있게 해야 합니다."

웹에서는 콘텐츠를 우선하고 주요 내비게이션은 페이지 하단에 묶어두는 것이 좋습니다. 여기서 말하는 페이지 하단은 화면 하단이 아닌 웹 페이지의 하단을 말합니다. 컨트롤을 고정하지 못할 때는 웹 페이지 내에 두면 됩니다.

루크 로블르스키가 아주 기가 막힌 솔루션을 제시했습니다. 바로 내비게이션을 화면 상단의 버튼에 숨겨두었다가 탭하는 순간 나타나게 하는 방법입니다(그림 1.21). 이 디자인 패턴은 더 세션The Session 웹사이트(http://bkaprt.com/dft/01-15/)를 구축할 때 실제로 구현되었습니다.

내비게이션 메뉴가 워낙 빨리 나타나서 마치 오버레이overlay처럼 느껴지지만, 사실은 페이지 하단에 있는 내비게이션 영역으로 이동하는 앵커 링크Anchor link입니다. 다시 한번 화살표 버튼이나 브라우저의 뒤로 가기 버튼을 누르면 페이지 상단으로 되돌아갑니다. 이를 구현하기 위한 필수 마크업은 더할 나위 없이 간단합니다.

```
<a href="#navigation">Menu</a>
...

<ul id="navigation">
    <li><a href="/one">Item one</a></li>
    <li><a href="/two">Item two</a></li>
    <li><a href="/three">Item three</a></li>
</ul>
```

로블로스키는 이 접근법이 가진 장점에 대해 다음과 같이 말합니다.

이 디자인은 상단에 단 하나의 링크만을 둠으로써 내비게이션 요소를 최소

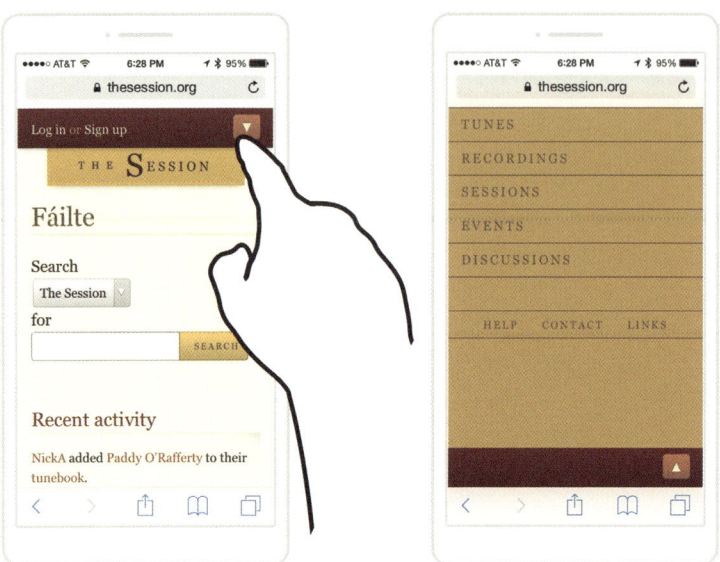

그림 1.21 상단 화살표 모양의 빨간색 버튼을 탭하면(왼쪽) 내비게이션 옵션이 화면 전체에 나타납니다. 사실 이 버튼은 웹 페이지 하단의 내비게이션 홈으로 이동하게 합니다.

로 줄입니다. 그리고 콘텐츠가 끝날 때 원래 위치로 돌아가거나 다른 페이지를 더 둘러볼 기회를 제공하여 다른 메뉴에 있는 콘텐츠를 복제하지 않아도 됩니다. 그리고 가장 좋은 점은 아주 간단한 앵커 링크만으로 구현할 수 있다는 것입니다. 그렇습니다. 현란한 자바스크립트나 오버레이, 혹은 별도로 관리해야 할 내비게이션 페이지가 없습니다. 그저 페이지 하단으로 가는 앵커 링크 하나면 끝입니다. 마치 HTML 0과 같죠.

잠깐, HTML 0? 우리가 쓰고 있는 버전보다 다섯 단계나 아래잖아요! 우리는 종종 자바스크립트로 된 화려한 인터랙션에 환호합니다. 개인적으로는 사용자가 페이지의 내용을 다 훑어봤을 때 때맞춰 나타나는 이 기품 있고 단순한 앵커 링크 내비게이션을 아주 좋아하지만 다른 사람들은 이 방법이 지나치게 간단하다고 생각할 수도 있습니다. 만약 그렇다면, 앵커 링크의 마크업은 유지하면서 점진적 향상 기법progressive enhancement[3]으로 인터랙션을 강화하여 메뉴를 업그레이드하세요.

자바스크립트와 CSS를 지원하는 브라우저에서는 부드럽게 화면을 덮으며 나타나는 오버레이나 화면 옆쪽에서 미끄러져 들어오는 패널로 변환할 수 있습니다. 자바스크립트가 로딩되지 않는 지원이 약한 브라우저에서는 원래대로 앵커 링크를 통해 푸터footer로 이동하는 내비게이션으로 돌아가면 됩니다.

총정리

운영체제나 브라우저가 화면의 요지를 점령한 경우 단순하기만 한 '콘텐츠는 상단에 법칙'은 복잡해집니다. 그래도 결론을 다음과 같이 정리할 수 있습니다.

- 아이폰의 경우 앱 컨트롤을 화면 하단에 배치합니다.
- 안드로이드의 경우 앱 컨트롤을 화면 상단에 배치합니다.
- 웹의 경우 (화면 하단이 아닌) 웹 페이지 하단에 내비게이션을 두는 것이 낫습니다.

소프트웨어 플랫폼은 레이아웃 가이드라인뿐만 아니라 하드웨어에도 영향을 미칩니다. 디바이스의 무게, 크기, 모양에 따라 디바이스를 잡는 방법이 달라진다는 것을 앞서 배웠습니다. 그렇다면 터치스크린이 커지면 인터페이스 레이아웃은 어떻게 달라질까요?

---

[3] 단계적 향상 기법(progressive enhancement): 콘텐츠를 제일 우선으로 강조하는 웹 디자인 전략으로 접근성, 시맨틱 HTML 마크업, 외부 스타일 시트와 스크립팅 기술을 강조한다 (참고: https://en.wikipedia.org/wiki/Progressive_enhancement).

패블릿을 위한 레이아웃

화면 크기가 위로 5인치 커지면 엄지손가락이 닿지 않는 영역을 고려해서 레이아웃도 그것에 맞게 변해야 합니다. 패블릿 사용자가 콘텐츠를 선택하기 위해 그립을 바꿔가며 사용한다고 하더라도, 이 노력을 최소화하는 것이 우리의 몫입니다. 가장 제한적인 한 손 그립일 때, 엄지 존 안에 자주 사용되는 요소를 모아두는 것이 가장 좋은 방법입니다. 여러분같이 날카로운 독자는 한 손만 사용할 때 화면 크기가 커짐에 따라 엄지 존도 위아래로 옮겨간다는 것을 기억할 것입니다. 핸드폰용 레이아웃을 단순히 크게 키워서 패블릿에 쓰는 것은 안 되지만 앞서 본 원칙 중 몇 가지는 그대로 적용할 수 있습니다.

패블릿용 앱의 경우, 내비게이션과 자주 쓰는 컨트롤을 화면 하단에 배치해야 합니다. 패블릿 화면 상단은 어떤 방식으로 잡든 항상 닿기 어렵습니다. 작은 핸드폰에서와 마찬가지로 '콘텐츠는 상단에 법칙'에 따라 자주 사용하는 탭 타깃은 엄지손가락이 닿을 수 있는 곳에 두는 동시에 콘텐츠를 방해하지 않게 하세요. 단, 안드로이드는 예외입니다. 크기가 작은 화면에서처럼 컨트롤을 화면 상단에 모아두는 대신, 하단에 별개의 툴바를 만들어서 컨트롤을 옮겨야 합니다(그림 1.22). 이것을 스플릿 액션 바 split action bar (분리형 액션 바) 디자인 패턴이라고 합니다. 원래는 작은 화면을 위해 개발되었지만, 요즘에는 크기가 큰 디바이스에서도 유용하게 쓰이고 있습니다.

하지만 이것도 아주 좋은 방법은 아닙니다. 컨트롤을 한곳에 쌓아두면 작은 크기의 핸드폰에서처럼 탭 실수를 유발하기 쉽기 때문입니다. 한 손으로 패블릿을 사용할 때 화면 상단에 있는 컨트롤을 탭하는 것은 거의 불가능하니, 그래도 위험을 무릅쓰고 컨트롤

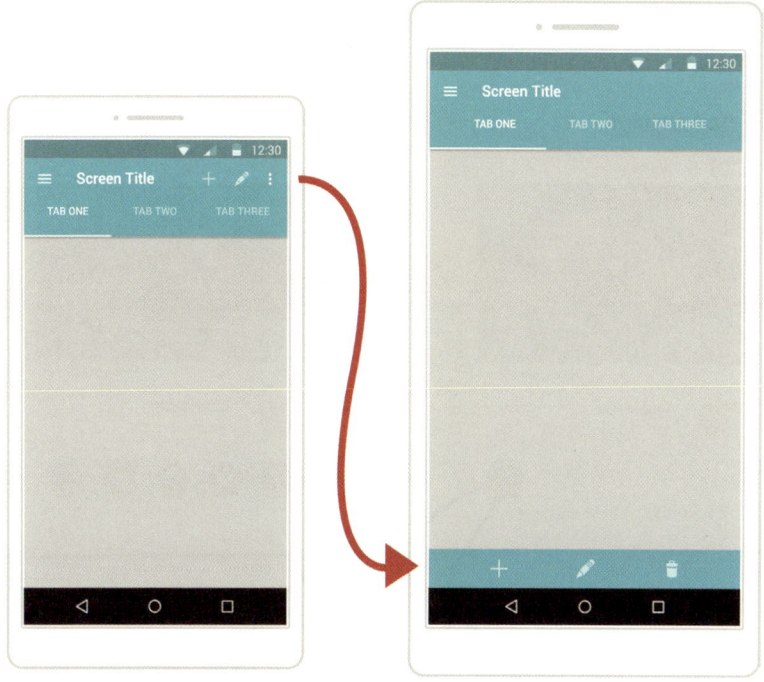

그림 1.22 안드로이드의 액션 바는 기본적으로 내비게이션과 옵션을 화면 상단에 모아둡니다(왼쪽). 스플릿 액션 바(오른쪽)는 액션 아이콘을 화면 하단으로 옮겨 패블릿에서 엄지손가락이 쉽게 접근할 수 있도록 합니다.

을 엄지손가락이 닿을 수 있는 영역 안으로 옮기는 것이 그나마 나은 선택입니다. 이렇게 하면 적어도 한 손 엄지손가락 사용자는 처음부터 버튼을 누를 수 있으니 말입니다. 앞서 언급한 것처럼, 플랫폼은 계속해서 디자이너에게 절충안을 찾으라고 합니다. 확신이 들지 않으면 최소한의 기본 사용을 보장하는 덜 나쁜 선택을 하는 것도 방법입니다.

플로팅 트리거 버튼floating trigger buttons도 유용한 해결책입니다. 이 버튼은 페이지가 스크롤되더라도 화면 하단 코너에 언제나 떠 있습

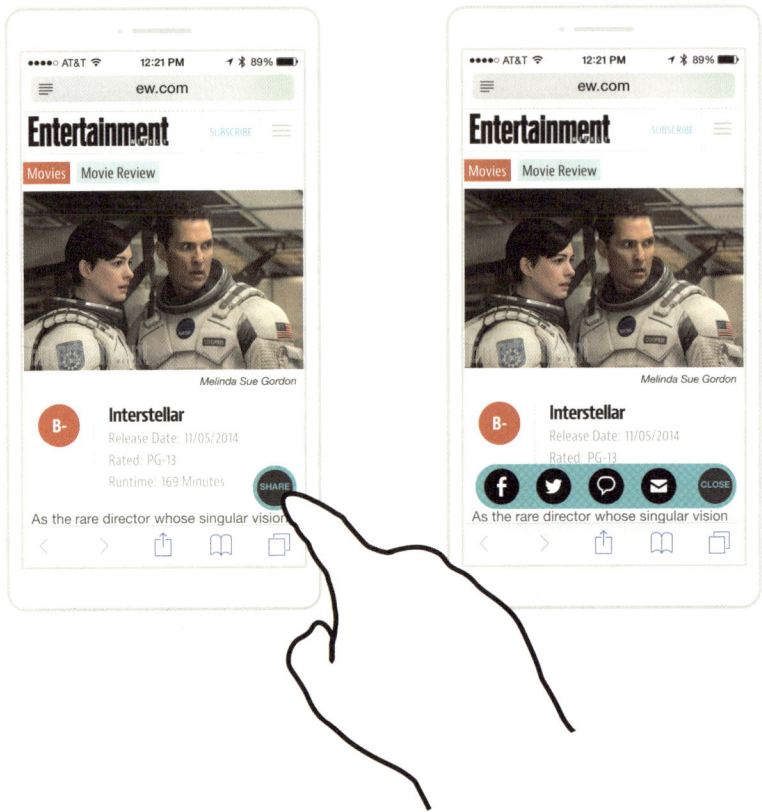

그림 1.23 엔터테인먼트 위클리의 모바일 사이트(http://m.ew.com)의 플로팅 트리거 버튼(왼쪽)은 탭하면 확장되면서 공유 옵션을 보여줍니다(오른쪽).

니다. '사진 추가'나 '체크인' 혹은 '새로운 메시지 작성'과 같은 화면 내 주요한 액션을 유발하는 트리거 버튼trigger button으로 이용하거나, 미니 툴바 혹은 관련된 액션을 보여주는 레이디얼 메뉴radial menu로 몰핑morphing할 수도 있습니다(레이디얼 메뉴에 대해서는 4장 '제스처'에서 자세하게 다룹니다). 제가 엔터테인먼트 위클리Entertainment Weekly의 반응형 모바일 사이트의 디자인을 맡았을 때, 화면 크기에 상관없

그림 1.24 화면 하단 오른쪽에 보이는 플로팅 액션 버튼을 사용하면, 안드로이드 시스템 버튼과의 충돌 없이 한 가지 혹은 그 이상의 주요 기능을 화면 하단에 제공할 수 있습니다.

이 사용자가 기사를 빠르고 쉽게 공유할 수 있도록 플로팅 트리거 버튼을 사용했습니다(그림 1.23). 이 버튼을 탭하면 공유 옵션들이 나타납니다.

잠깐만요, 화면 하단에 컨트롤을 쌓아 두지 말라고 하지 않았나요? 네, 맞습니다. 이 방법 또한 패블릿의 컨트롤을 손가락이 닿을 수 있는 영역 안에 두기 위한 또 다른 절충안입니다. 그래도 한 가지 좋은 소식이 있습니다. 이 버튼의 장점은 작고 확장 가능하기 때문에 가로로 화면을 꽉 채우는 툴바를 쌓아 올릴 때 생기는 단점을 줄일 수 있다는 것입니다. 안드로이드 UI 용어로는 이 트리거 버튼을 플로팅 **액션 버튼** floating action button이라고 부릅니다(그림 1.24). 이 버튼에 대해 자세한 사용법은 안드로이드 디자인 가이드라인Android design guidelines 을 참고하기 바랍니다(http://bkaprt.com/dft/01-16/).

인터페이스의 물리성 **55**

그림 1.25 안드로이드의 주소록은 스와이프 가능한 탭으로 되어 있습니다. 즐겨찾기 또는 모든 연락처의 탭을 직접 눌러도 되고, 화면 아무 곳에서나 스와이프 제스처로 탭을 바꿀 수 있습니다(탭은 안드로이드 운영 체제의 표준 컴포넌트이며, 기능은 개발자가 쉽게 사용할 수 있게 구축되어 있습니다).

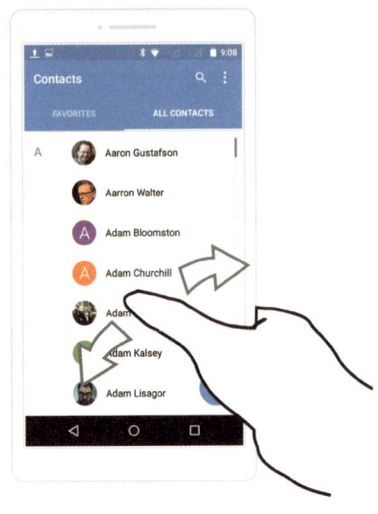

그렇지 않으면 눈으로 확인할 수 있는 비주얼 컨트롤은 화면 상단에 보여주고 대체할 수 있는 인터랙션을 함께 제공하세요. 엄지손가락으로 패블릿을 편하게 사용하는 두 번째 방법은 탭 컨트롤tab control은 상단에 두지만 스와이프 제스처로 둘러보게 하는 스와이프 내비게이션swipe navigation으로 이를 보완하는 것입니다(그림 1.25). 이 패턴은 탭 뷰tab view로 정리된 콘텐츠를 둘러볼 때 유용합니다. 탭을 눌러 다음 혹은 앞의 콘텐츠로 전환할 수 있지만 화면이 큰 경우에는 콘텐츠를 직접 스와이핑해서 탭을 바꾸는 것이 더 편합니다. 이 방법은 많이 알려진 화면을 아래로 당겨서 새로 고침하는 풀투리프레시pull-to-refresh 제스처와 비슷한 이점이 있습니다. 그것은 바로 버튼을 누르기 위해 손가락을 뻗을 필요 없이 화면 아무 곳에서나 할 수 있다는 것입니다.

웹 내비게이션은 앵커 링크 메뉴 패턴을 고수하세요. 앞서 작은 디바이스에서 보았던 브라우저 컨트롤과 벌여야 하는 경쟁과 기술적 한계는 패블릿에서도 마찬가지로 존재합니다. 가장 좋은 해결책은 하단에 있는 내비게이션으로 이동하는 메뉴 링크를 상단에 두는 것입니다. 물론 엄지 존을 벗어난 상단 코너에 메뉴 링크를 두는 것이 마음에 걸리겠지만, 생각하는 것보다 그렇게 나쁘지 않습니다. 사용자는 페이지의 본문에서 원하는 것을 찾을 수 없을 때 최후의 수단으로 메인 내비게이션을 사용하기 때문이죠. 이는 사용자 연구를 통해서도 밝혀진 사실입니다. 즉 페이지 하단에 내비게이션을 두면 엄지손가락을 뺄 필요도 없이 사용자가 원하는 때에 바로 쓸 수 있습니다.

화면을 가로지르지 않게 하세요. 엄지손가락으로 패블릿의 반대쪽까지 가뿐히 닿을 수 있는 사람은 거의 없습니다. 화면의 왼쪽 끝은 오른손 엄지 존에서 벗어나 있습니다. 탭 타깃을 오른쪽이나 왼쪽 화면 에지에 너무 붙지 않도록 배치하세요. 페이지 본문에서 적어도 화면에 1/3 정도까지 이어지도록 하는 것이 좋고, 가로 너비 전체를 사용할 수 있으면 더욱 좋습니다.

화면이 커진다고 제스처 크기도 함께 키우지 마세요. 스와이프했을 때 세부 액션이 나타나는 메뉴가 있다고 가정해봅시다. 이때 사용하는 스와이프 길이는 핸드폰에서 적용한 길이와 같아야 합니다. 큰 패블릿 화면 전체를 스와이프하게 만들어서는 안 됩니다. 커다란 핸드폰을 들고 있다고 해서 손도 커지는 것은 아니기 때문입니다. 제스처의 크기는 화면 크기가 아닌 손 크기에 맞춰야 합니다.

산을 옮기세요. 인터페이스 대부분은 마치 산처럼 꿈쩍도 하지 않습니다. 우리는 버튼을 찾아가지만, 버튼이 우리에게 먼저 오지는

그림 1.26 삼성의 한 손 모드(왼쪽)는 패블릿의 화면 전체를 조작 가능한 크기로 줄이지만, 애플의 도달성 기능Reachability feature(오른쪽)은 화면의 상단을 엄지손가락이 접근할 수 있는 위치로 옮겨줍니다(사진 출처: 왼쪽 Kārlis Dambrāns http://bkaprt.com/dft/01-17/, 오른쪽 Apple http://bkaprt.com/dft/01-18/).

않습니다. 하지만 언제나 그러라는 법은 없죠. 삼성은 크기가 큰 안드로이드 디바이스를 위해 한 손 전용 조작 모드One-handed Operation mode를 내놓았습니다(그림 1.26). 이 모드에서는 인터페이스가 일반 핸드폰 크기로 줄어들어서 엄지손가락 하나로 모든 탭이 가능합니다. 큰 핸드폰을 임시로 작게 전환하는 셈입니다. 하지만 안타깝게도 널찍하고 멋진 화면은 필요 없는 공간이 되어버려 굳이 패블릿을 사용할 이유가 없어집니다.

애플은 '도달성reachability'이라는 기능을 선보이며 다른 각도에서 이 문제에 접근했습니다(그림 1.26). 홈 버튼을 두 번 누르면 인터페이스가 화면 하단으로 미끄러지듯 내려와서 엄지손가락의 동작 범위 안으로 들어옵니다. 그리고 액션이 끝나면 상단으로 되돌아갑니다. 이는 마치 핸드폰의 상단으로 그립을 옮긴 듯한 효과를 주어 상단의 컨트롤을 쉽게 누를 수 있게 합니다. 이 방식의 좋은 점은 삼성의 방법과는 달리 터치 타깃의 크기나 레이아웃을 변형하지 않는다는 것입니다.

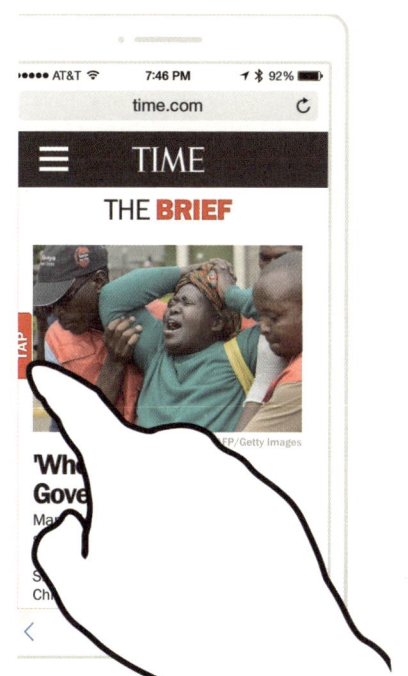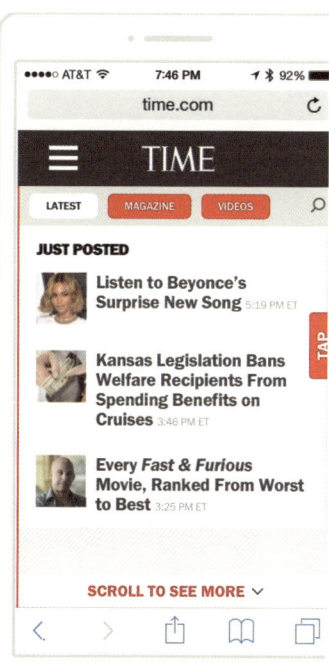

그림 1.27 타임의 웹사이트(http://time.com)에는 사이드 탭side tab이 있습니다. 그림과 같이 이것을 탭하면 최신 뉴스 아이템이 있는 드로어가 열리면서 전체화면으로 볼 수 있습니다.

애플과 삼성이 사용한 이와 같은 방법은 운영체제 레벨에서 쓰는 해결책이고, 웹사이트에서는 슬라이딩 영역을 두어 해결할 수 있습니다. 화면을 아래나 위로 움직이는 대신, 화면 에지에서 안으로 미끄러지듯 들어오는 메뉴 드로어menu drawer를 두는 것이 더 실용적입니다. 이 메뉴를 불러들이는 작은 버튼이나 탭을 엄지 존 안에 두면 한 손 그립일 때도 사용하기 편리합니다(그림 1.27).

하지만 한 가지 주의할 점이 있습니다. 화면의 양쪽 에지는 화면 상단에 비하면 쉽게 닿을 수 있지만, 여전히 패블릿의 엄지 존에서 벗어나 있는 영역입니다(화면을 스와이프해서 메뉴 드로어를 불러들일 수 있게 하면 엄지손가락이 스크린을 횡단하는 것을 피할 수 있습니다). 일반적으로 사이드 컨트롤은 양손으로 핸드폰을 사용할 때 더 유용하기 때문에 큰 화면의 태블릿에서 많이 사용됩니다. 자, 이제는 패블릿의 큰 형 같은 태블릿으로 넘어가 봅시다.

태블릿을 위한 레이아웃

작은 화면의 디바이스나 큰 화면의 태블릿이나 레이아웃의 출발점은 같습니다. 핸드폰이나 패블릿에서는 화면 하단을 자주 사용하는 반면, 태블릿에서는 엄지 존이 위와 바깥쪽으로 이동하여 화면 양쪽 에지와 상단 코너 부근을 자주 사용합니다(그림 1.28). 터치스크린에서는 화면 상단이 더 중요한 영역이 되기 때문에 시각적인 화면 구성에도 이를 반영해야 합니다. 작은 화면을 볼 때와는 달리, 화면이 커질수록 전체 내용을 한 번에 인식하기 어려워집니다. 그래서 우리의 시선도 태블릿 화면의 상단에 자연스레 먼저 닿습니다. 엄지손가락처럼 말이죠. 디자인의 정보 계층 구조information hierarchy에도 이를 반영해야 합니다.

화면 상단 코너는 자주 사용되는 터치 타깃을 두기에 적합하지만, 상단 중앙에 두는 것은 절대 안 됩니다. 닿기 어려운 위치라는 점을 떠나서, 이 영역을 탭하는 과정에서 화면과 콘텐츠 전체를 손으로 가리게 됩니다. 아이패드 잡지 〈더 데일리The Daily〉는 이슈 페이지를 훑어보는 슬라이딩 스크러버 바sliding scrubber bar를 상단 가운데에 두었습니다(그림 1.29). 이제는 더는 사용되지 않지만 실제로 써 보면 섬네일thumbnail이 손에 가려 내용을 파악하는 데 어려움이 있습니다. 슬라이더를 움직이면서 내용을 확인하려면 자세를 이상하게 틀어야 했죠.

더 데일리의 실수를 통하여 알 수 있듯이 때에 따라서는 컨트롤

그림 1.28 태블릿의 엄지 존 위치를 고려한 컨트롤 배치의 좋은 예를 인스타페이퍼 Instapaper(왼쪽)와 트위터 Twitter(오른쪽)가 보여줍니다.

 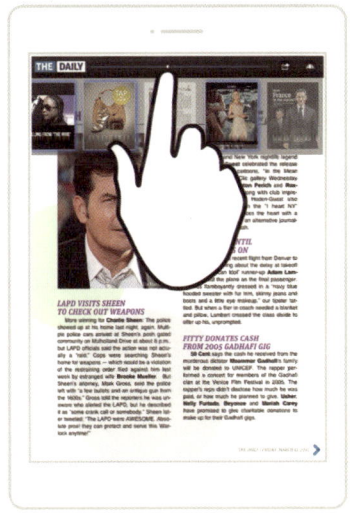

그림 1.29 더 데일리의 스크러버 바는 페이지 섬네일을 보여주지만 손에 가려 잘 보이지 않습니다. 대부분의 터치 인터페이스에서 상단 중앙은 컨트롤을 두기에 적합하지 않습니다.

인터페이스의 물리성 **61**

그림 1.30 시드니 모닝헤럴드The Sydney Morning Herald의 아이패드 앱은 화면 하단에 있는 페이지 인디케이터(점으로 표시된 부분)를 탭하면 해당 페이지의 머리기사 리스트를 보여줍니다. 컨트롤의 위치 때문에 머리기사가 가려지는 일이 없이 잘 보입니다.

을 화면 하단에 배치해야 합니다. 태블릿에 컨트롤을 배치할 때 통상적으로 사용하는 상단 코너 가이드라인에 예외가 생긴 것이죠. 태블릿의 하단은 가장 사용하기 불편하고 잘 보이지도 않는 영역입니다. 하지만 화면에 나타나는 변화를 확인하면서 조작해야 할 때는 예외입니다. 콘텐츠를 둘러보거나 바꾸기 위한 컨트롤인 경우, 절대 콘텐츠의 위가 아닌 아래나 사이드에 배치해야 합니다.

예를 하나 더 보죠. 시드니 모닝해럴드The Sydney Morning Herald의 아이패드 앱은 새로운 방법을 사용하고 있습니다(그림 1.30). 손가락으로 화면 하단에 있는 페이지 인디케이터page indicator의 인덱스를 따라 드래그하면 '오늘의 이슈'에 있는 모든 기사를 둘러볼 수 있습니다. 그리고 페이지 인디케이터 도트dot를 탭하면 제법 긴 헤드라인 리스트가 나타납니다. 이런 타입의 컨트롤을 화면 하단에 배치한 것은 적절한 절충안입니다. 만약 화면 상단에 있었다면 터치할 때 리스트가 손에 가려졌겠죠.

그럼 태블릿의 컨트롤은 상단과 하단 중 어디로 가야 할까요? 이렇게 경우를 나누어 봅시다.

- 상단 코너에는 내비게이션이나 공유하기, 즐겨찾기 혹은 지우기 같은 간단한 액션을 두는 것이 좋습니다.
- 하단 에지는 위의 캔버스에서 콘텐츠를 브라우징하거나 미리보는 컨트롤에 사용하는 것을 **고려해볼 만합니다**(하지만 공간이 있다면 손과 손가락이 가리지 않도록 이런 툴은 에지에 두는 것이 더 나은 방법입니다).

노트북과 하이브리드를 위한 레이아웃

화면이 바로 서 있고 키보드를 사용할 수 있다면 화면 하단 에지가 훨씬 더 사용하기 편해집니다. 하이브리드와 노트북의 엄지 존은 화면 하단과 코너 부분에 자리잡습니다. 레이아웃에도 이를 반영해야 합니다.

주요 컨트롤과 제스처 영역을 하단 코너와 양쪽 사이드에 모아두세요. 이 방법은 지금까지 해오던 것과 다릅니다. 그렇죠? 대부분의 와이드스크린widescreen 디자인은 전통적으로 내비게이션이나 툴바와 같은 주요 컨트롤을 중요한 엄지 존에서 벗어난 영역인 화면 상단이나 중앙에 고정합니다. 터치는 이 모든 것을 다시 생각하게 합니다. 예를 들어, 터치에 가장 최적화된 윈도우 앱은 자주 사용되는 컨트롤을 화면 중앙에서 에지로 옮겨 놓습니다. 화면 오른쪽 에지에서 당기듯 스와이프하면 윈도우의 액션 바action bar가 나타납니다. 화면 하단

그림 1.31 윈도우 시스템에 적용된 제스처는 하단 양쪽 코너 부근에 놓인 손으로 작동하기 편하도록 최적화되었습니다. 윈도우 8에서는 오른쪽 에지를 살짝 당기면 참 바Charms Bar가 나타나고(위), 하단 바닥에서 위로 스와이프하면 태스크 바Task Bar가 나타납니다(참 바는 윈도우 10에서 액션 바 Action Bar로 바뀌었습니다).

바닥에서 위쪽으로 스와이프하면 태스크 바(작업 표시줄)task bar가 올라옵니다(그림 1.31).

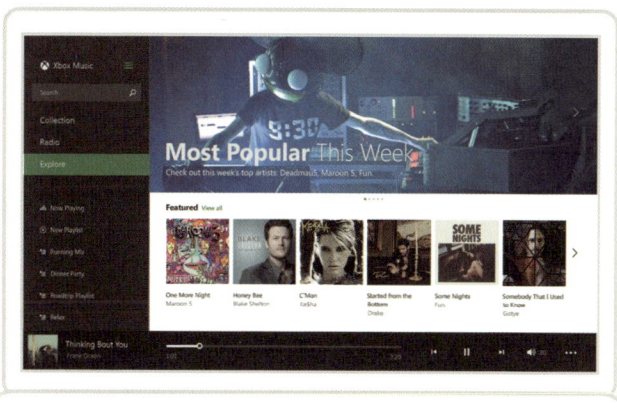

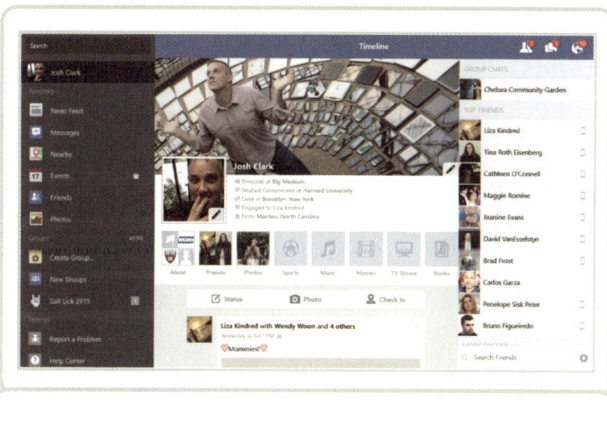

그림 1.32 화면 에지에 있는 에지 컨트롤edge control은 자주 사용되는 탭 타깃을 엄지손가락이 쉽게 닿을 수 있는 곳으로 옮겨주는 역할을 합니다. 엑스박스 음악 앱(위)은 내비게이션을 화면 왼쪽 에지에, 플레이어 컨트롤을 하단 에지에 두었습니다. 페이스북(아래)은 왼손 엄지손가락으로 카테고리를, 오른손 엄지손가락으로 채팅 사이드바를 쉽게 사용할 수 있도록 합니다.

이처럼 오프스크린 드로어에 주요 컨트롤을 두지 않을 경우, 잘 디자인된 윈도우 앱은 화면 양쪽 사이드 또는 하단에 해당 컨트롤을 배치합니다. 윈도우용 페이스북Facebook은 메인 내비게이션을 화면 왼쪽 에지에, 채팅 사이드바는 화면 오른쪽에 배치하고 있습니다. 엑스박스Xbox의 음악 앱은 플레이어 컨트롤을 화면 하단에 두었죠. 두 경우 모두 주요 컨트롤을 양쪽 코너에 있는 엄지손가락이 쉽게 닿을 수 있는 영역 안에 두고 있습니다(그림 1.32).

네이티브 앱에서는 화면 하단에 컨트롤을 집중해도 문제없지만, 웹에서는 조금 더 복잡해집니다. 브라우저 처지에서 보면 어떤 입력 디바이스가 사용될지 미리 알 수 없습니다. 디바이스에 터치스크린이나 키보드나 마우스가 있는지, 혹은 이 세 가지에서 파생되는 어떤 콤비네이션이 사용될지 알아낼 수 있는 확실한 방법이 없습니다. 달리 말하면, 브라우저는 자신이 구동되고 있는 디바이스가 태블릿인지, 하이브리드인지, 노트북인지 전혀 알 수가 없습니다. 네이티브 소프트웨어는 해당 디바이스에 대한 많은 정보를 얻을 수 있으므로 앱 디자이너는 이에 잘 맞춰진 터치 경험을 만들 수 있습니다.

우리에게는 대형 스크린 디스플레이의 모든 종류를 아우를 수 있는 새로운 웹 디자인 기술이 필요합니다. 더는 갈 곳이 없습니다. 아직도 대부분 와이드스크린을 위한 웹 레이아웃은 그 어떤 디바이스에서도 터치에 최적화되어 있지 않습니다. 아직도 대다수 디자이너는 와이드스크린은 데스크톱이라는 전제를 두고 있으며, 데스크톱은 마우스와 키보드로 작동한다는 가정 하에 작업하기 때문입니다. 이 두 가지 가정은 애초부터 틈이 있었지만 태블릿과 하이브리드 디바이스로 인해 더는 변화의 물결에 버틸 수 없게 되었습니다. 그 결과, 와이드스크린 웹사이트는 링크와 `<select>` 메뉴를 터치하기에는 그 타깃 영역이 작아서 서툰 손가락질을 더욱 힘들게 합니다. 그렇지 않으면 호버hover 인터랙션을 사용해서 터치로는 아예 접근할 수도 없게 되어 있습니다.

더 큰 화면을 위한 디자인에 대한 우리의 사고방식을 이제는 바꿔야 합니다. 화면에 대한 개념 자체를 바꿔야 합니다. 반드시 그렇게 해야 합니다. 이 오래된 개념은 우리를 혼란에 빠뜨립니다. 우리가 화면에 대해 안다고 생각하는 것들이 종종 잘못된 방향으로 디자인을 이끕니다. 픽셀은 우리가 생각하는 것과는 전혀 다른 방식으로 작동하고, 화면 크기는 터치와 관련이 없으며, 브라우저는 어떤 디바이스가 자신에게 연결되는지조차 모른다는 것이 드러났습니다. 따라서 화면을 예전 방식 그대로 생각한다면 이 장에서 중점적으로 다루었던 디자인의 물리적인 요구사항을 받아들이기 어렵습니다. 터치스크린 디자이너가 해결해야 할 문제는 디바이스의 기계학적 측면mechanics보다 메커니즘(편집자 주: 기계의 내부 구성)mechanism에 더 많이 숨어 있습니다. 바로 '화면'이라는 메커니즘입니다.

제멋대로인 화면

오랫동안 화면은 인터페이스를 위한 기반으로써 믿을 만한 캔버스였습니다. 웹 디자인의 짧은 역사 속에서 화면은 신경 쓸 필요가 없을 정도로 안정적이었습니다. 수십 년 동안 같은 종횡비aspect ratio를 유지했으며 점차 크기가 커지기는 했지만, 그 변화는 느리고 꾸준하게 진행되었습니다.

1990년대에 600픽셀을 시작으로 2000년대에는 800픽셀, 그리고 980픽셀, 마침내 1,200픽셀에 이르러 웹 디자인에 표준 너비가 확립되었습니다. 하지만 모바일 혁명과 함께 크기와 모양이 제각각인 화면이 등장하면서 갑자기 이 고정 너비가 주던 환상은 깨졌습니다.

CSS 미디어 쿼리media query 덕분에 반응형 웹 디자인responsive design이 새로운 표준이 되었고, 우리는 주머니에 넣고 다닐 수 있는 크기의 디자인을 만들기 시작했습니다. 그러나 터치스크린과 기타 새로운 입력 디바이스는 아직 미디어 쿼리가 처리할 수 없는 광범위한 픽셀 밀도pixel density와 머큐리얼 터치mercurial touch의 지원과 같은 새로운 도전 과제를 안고 있습니다. 더는 예전처럼 화면 크기에 의존하여 디자인할 수 없게 되었습니다.

이런 가상의 토대 위에 견고한 물리적 상호작용을 구축해야 하는 것이 디자이너인 우리의 임무입니다. 이 장에서는 이렇게 의지할 수 없는 화면에 질서를 만드는 방법에 관해 설명하려고 합니다.

앞으로 터치스크린이 있고 없고에 관계없이 모든 디바이스에 적용할 수 있는 인터랙션에 대해 알아볼 것입니다. 핀치 앤드 줌pinch-and-zoom이 가능한 다이나믹 뷰포트dynamic viewports를 둘러볼 것입니다. 그리고 픽셀 밀도를 알 수 없을 때 터치 타깃의 크기를 계산하는 방법에 관해서도 설명할 것입니다. 마지막으로 무엇보다 중요한 것이 하나 더 있습니다. 그것은 바로 화면에 대해 알 수 있는 것과 알 수 없는 것은 무엇인지 하는 문제입니다. 그리고 거의 없긴 하지만 우리가 세워볼 수 있는 안전한 가설은 무엇인지에 대해 살펴보려 합니다.

"이 디바이스에는 터치스크린이 있나요?"라는 이렇게 간단한 질문조차도 곧장 대답할 수 없습니다. 브라우저에서는 확정할 수 있는 것이 거의 없습니다. 이론상으로는 여러 가지 출력 타입(예: 화면 크기)을 처리하는 반응형 웹 디자인과 같은 방식으로 다양한 입력 타입을 처리하도록 CSS를 조정할 수 있습니다. 하지만 안타깝게도 디바이스의 입력 수단을 탐지할 수 있는 확실한 툴이 아직 없습니다. 키보드, 터치, 마우스, 음성, 혹은 키넥트kinect 스타일의 동작 인식 등 사용자가 무엇을 통해 브라우저를 이용하는지 잘라 말할 수 없는 상황입니다.

터치 여부는 화면 크기로 구분 못 해

그동안 딱히 나은 툴이 없었기에 화면 크기가 입력 수단을 대변한다는 불확실한 가설에 기대있었습니다. "화면이 작으면 터치이고, 크면 마우스다"라고 말이죠. 이 가설은 아이패드같이 대형 태블릿에서 이미 문제가 되었으며, 터치가 적용된 대형 화면의 하이브리드 디바이스에 이르러서는 산산조각이 났습니다. 아직은 비주류이지만 위로 20인치 정도 더 커진 아주 커다란 태블릿도 등장하고 있습니다. 그러나 여전히 디자이너들은 좁은 화면과 넓은 화면을 의미하는 데 '모바일'과 '데스크톱' 레이아웃(터치 vs 마우스)을 말합니다. 화면 크기와 입력 타입을 연결해서 생각하는 것은 예전에 그만두었어야 합니다. 그럼 해결책은 무엇일까요? 아직 미디어 쿼리 자체는 터치 디바이스를 지원하지 않지만, CSS4에서는 이야기가 달라집니다. 새로 나온 pointer 미디어 쿼리는 fine과 coarse로 구분해서 대략 어떤 포인팅 툴이 사용되는지, 혹은 음성이나 키보드만 있는 인터페이스처럼 포인터가 아예 없는지를 감지합니다(http://bkaprt.com/dft/02-01/). 마우스, 트랙패드, 스타일러스 펜과 같이 정확도가 높은 입력은 fine으로, 손가락은 coarse로 정의합니다. 이렇게 되면 손가락과 엄지손가락에 더 편안한 특정 규칙을 만들 수 있습니다. 예를 들어, 입력 필드를 더 크게 만들려면 pointer를 다음과 같이 설정하면 됩니다.

```
/* 터치를 위해 입력 필드의 높이를 키웁니다. */
@media (pointer:coarse) {
    input[type="text"] {
        min-height:44px;
    }
}
```

pointer 미디어 쿼리의 등장으로 상황이 많이 좋아진 것은 분명하지만, fine 혹은 coarse라는 이분법적인 접근은 입력 체계를 지나치게 단순화합니다. 하이브리드 디바이스가 앞서 보여준 것처럼 한 디바이스에도 여러 종류의 입력 타입이 존재할 수 있습니다. 만약 fine과 coarse 포인터가 혼합되어 있을 때, pointer 미디어 쿼리는 브라우저가 '기본' 입력 타입으로 판단하는 것에 의존합니다. 태블릿에 타사 키보드를 연결해서 사용하더라도 태블릿의 터치스크린을 기본 입력 수단으로 간주합니다. 이때 pointer 미디어 쿼리의 리턴 값은 coarse입니다. 반면에 터치스크린 노트북의 경우, 내장된 트랙패드를 기본 입력 수단으로 판단하므로 pointer 미디어 쿼리의 리턴 값은 fine입니다.

특정 조합을 타깃으로 할 수 있다면 pointer는 훨씬 더 유용할 것입니다. 1장에서 배웠듯이 터치와 키보드가 함께 있는 하이브리드 디바이스를 위한 레이아웃은 인체공학적 차이를 고려해서 터치만 가능한 태블릿과는 달라야 합니다. 이러한 이유로 입력 타입이 터치뿐인지 혹은 다른 것도 같이 사용되는지를 확인하는 것이 중요해집니다. 말이 나온 김에 사용하고 있는 디바이스 타입을 백엔드 서버backend server로 알려주는 HTTP 헤더header를 짚어봅시다.

"안녕, 난 터치스크린이야!"
"안녕, 난 터치와 키보드 겸용 하이브리드야."
"반가워, 난 화면이 없어…."

하지만 이것도 미래의 이야기입니다. '안녕, 내 이름은' 태그가 CSS나 HTTP에 포함되기 전까지는 다른 방도를 찾아야 합니다. 자바스크립트를 사용하여 터치 이벤트를 감지하고, DOM의 document 요소에 '터치' 클래스touch class를 추가하여 완벽하지는 않지만, 터치스크린 감지를 아주 가까이에서 엿볼 수 있습니다. 빠르지만 다소 간단한 테스트를 위해 ontouchstart나 MaxTouchPoints(IE의 경우 msMaxTouchPoints)가 있는지 확인해보면 됩니다.

```
<script>
// 브라우저가 터치를 지원하면 '터치' 클래스를 body 요소에 추가
if ( 'ontouchstart' in window ||
     window.navigator.MaxTouchPoints ||
     window.navigator.msMaxTouchPoints )
{
   document.getElementsByTagName('body')[0].className
   += ' touch';
}
</script>
```

터치 타깃의 크기를 키우기 위해 CSS에 이렇게 추가합니다.

```
/* 터치를 위해 입력 필드의 높이를 키웁니다. */
.touch input[type="text"] {
   min-height:44px;
}
```

하지만 이것도 완벽한 방법은 아닙니다. 첫째, 이 방식은 하드웨어가 아닌 **소프트웨어**가 터치를 지원하는지를 확인하기 위해 브라우저를 테스트하는 것입니다. 브라우저가 터치를 감지할 수 있다고 해서 디바이스에 터치가 탑재되어 있다는 보장은 없습니다. 터치를 지원하는 브라우저는 가끔 터치스크린이 없는데도 터치 이벤트가 가능하다고 판단하는 긍정 오류[false positives]를 내기도 합니다. 어찌 되었든 우리는 **소프트웨어**에게 터치를 지원하느냐고 물어보는 것이고, 터치를 구동할 하드웨어가 없는 상황에서도 어떤 브라우저는 진정

성 있게 그렇다고 답할 것입니다. 둘째, 모든 터치 브라우저가 자바 스크립트에서 터치 이벤트를 지원할 수 있는 것이 아니므로 부정 오류false negatives가 나오기도 합니다. 오페라 미니Opera Mini와 오래된 버전의 심비안Symbian 그리고 윈도우폰 7Windows Phone 7 디바이스에서 이 문제는 빈번히 발생합니다.

우울한 결론이지만 현재로서는 터치스크린을 감지해 낼 믿을 만한 방법이 없습니다. 유일하게 남아 있는 실현 가능한 선택지는 가설을 세우는 것입니다. 그리고 우리가 생각할 수 있는 타당한 가설이 단 하나 있습니다.

전부 터치스크린이라고 가정하자(몇은 진짜다)

어떤 디바이스이든 터치를 사용할 가능성이 있으므로 전부 터치스크린이라고 가정해야 합니다. 이런 불확실성 속에서 커서와 손가락 모두가 접근할 수 있는 레이아웃을 만드는 것이 디자이너인 우리가 해야 할 일입니다. 모든 웹 디자인은 손가락으로 사용하기 편해야 합니다. 이것은 네이티브 데스크톱 앱에서도 마찬가지입니다.

우리는 지금 이런 방식으로 작업하지 않습니다. 이제껏 사용해 온 '안정된' 디자인 전략은 터치와 커서에 제대로 대처하지 못합니다. 새로운 데스크톱 디자인 언어가 필요합니다. 커서 기반 인터랙션을 여러 잠재된 입력 스타일까지도 유연하게 처리할 수 있는 규약으로 대체하는 그런 언어 말입니다.

하나의 인터페이스만으로 모든 입력 타입 혹은 조합된 입력 타입을 완벽하게 지원하는 것은 불가능할 수도 있습니다. 어쩌면 사용 습관에 따라 사용자가 바꿔가며 쓸 수 있는 다양한 모드를 제공해야 할지도 모릅니다(예를 들어 비디오 사이트 비메오Vimeo는 사용자가 '소파 모드Couch mode' 버튼을 클릭하면 대형 스크린 TV에서 보기에 더 적합한 인터페이스로 바꿉니다). 그런데도 우리가 놓치지 말아야 할 마지막 한 가지는 최소한의 사용성을 보장하는 일입니다. 상황이 어떻든 웹의 이상적인 모습은 입력 및 출력 수단과 관계없이 어떤 디바이스로든 접속할 수 있는 플랫폼이 되는 것입니다. 현 상황에서 이것은 모든 데스크톱 레이아웃을 손가락으로 사용하기 편하도록 수정해야 한다는 것을 의미합니다. 그래도 최소한 극복해낼 수 있는 과제입니다.

터치와 커서 모두를 위한 디자인

화면 크기가 터치 감지touch detecting를 위한 좋은 방법은 아니지만, 화면의 크기와 형태는 터치 인터랙션을 정의하는 데 여전히 중요한 역할을 합니다. 핸드폰과 태블릿 그리고 하이브리드 디바이스의 엄지 존이 서로 다른 것도 화면 크기의 차이에서 오니까요. 모든 디바이스가 터치스크린이라고 가정했으므로 화면 크기를 통해 어떤 레이아웃이 엄지손가락에 편할지를 가늠할 수 있습니다. 핸드폰과 패블릿에서는 화면 크기에 상관없이 엄지 존이 일관되게 유지되므로 레이아웃 구성이 쉽습니다. 그러나 태블릿과 하이브리드에서는 상황이 달라집니다. 화면 크기가 서로 겹치기 때문에 크기를 토대로 한 미디어 쿼리로는 각각의 전용 레이아웃을 만들 수 없습니다. 대신 절충안을 찾아 결정을 내려야 합니다. 손과 커서로 인터랙션할 수 있으면서도 두 디바이스 모두에서 엄지손가락으로 쓰기 편한 레이아웃을 만들어야 합니다.

공통의 엄지 존인 양쪽 에지를 공략하라

태블릿과 데스크톱 하이브리드 디바이스의 엄지 존은 서로 다르지만 겹치는 부분도 있습니다. 이 공통의 엄지 존은 화면의 양쪽 사

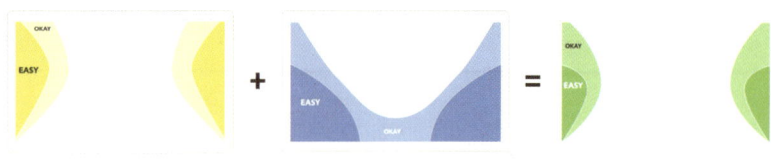

그림 2.1 태블릿(왼쪽 노란색)과 하이브리드 디바이스(중앙 파란색)의 엄지 존을 겹쳐 놓으면 양쪽 코너를 감싸 안은 공통 영역이 생깁니다. 이는 사실상 태블릿 엄지 존 하단부의 절반입니다.

이드에 위치하며 두 종류의 디바이스 모두에서 터치하기 편한 영역입니다(그림 2.1). 이곳에 자주 사용되는 터치 타깃을 배치하세요.

특히, 주요 컨트롤은 왼쪽 에지에 두는 것이 좋습니다. 스티븐 후버와 패티 생크는 검지손가락 사용자의 84%가 오른손을 이용한다는 것을 발견했습니다(http://bkaprt.com/dft/01-07/). 이때 대부분은 왼손으로 화면을 고정하게 되므로 왼쪽 에지는 엄지손가락으로 작동하기 쉬운 영역이 됩니다. 하지만 이곳에 배치할 '주요 컨트롤'이 사이트의 메인 내비게이션일 것이라 섣불리 판단해서는 안 됩니다.

이건 꼭 기억해 두세요. 대부분의 사람은 원하는 내용을 페이지 안에서 찾지 못했을 때 마지막 해결책으로 메인 메뉴 내비게이션을 사용합니다. 명확한 내비게이션 메뉴는 사람들에게 어떤 사이트인지를 알린다는 점에서 중요하지만, 자리 배정에 있어 가장 우선되어야 할 인터랙션으로 꼽지는 않습니다.

이에 반해 주요 컨트롤은 사람들이 사이트 내에서 실제로 사용하는 것입니다. 미디어 회사의 경우라면 '공유하기' 링크일 수 있고(그림 2.2), 쇼핑몰이라면 '장바구니에 담기'나 '결제하기'가 이에 해당하겠죠. 무엇이 되었든 사람들이 가장 많이 누르는 버튼을 왼쪽 에지 엄지 존에 모아두세요.

그림 2.2 유저 테스팅UserTesting(http://bkaprt.com/dft/02-02/) 사이트는 화면 너비가 넓어지면(예: 태블릿과 데스크톱) 공유하기 버튼을 기사 페이지의 왼쪽 귀퉁이에 추가합니다. 엄지손가락으로 편하게 탭할 수 있어서 기사 공유가 쉬워집니다.

탭 횟수를 줄여라

물리적인 인터페이스에는 물리적인 움직임이 따릅니다. 터치스크린이 클수록 더 많은 노력과 높은 정확성이 필요합니다. 탭 횟수와 인터랙션을 줄인 디자인으로 사용자의 시간과 팔 움직임을 최소화하세요. 키보드와 마우스로 쉽게 사용하던 선택 메뉴select menu, 문자 입력text entry, 캐러셀carousel, 그리고 기타 웹 위젯widgets은 터치스크린에서는 사용하기 아주 번거롭습니다(이 부분은 3장 '더 빠른 손놀림'에서 대안을 살펴볼 것입니다).

호버는 하나의 향상 기능

자, 아이패드 화면 위에 손가락을 가만히 띄워 놓고 어떤 일이 생기는지 봅시다. 반응이 있나요? 호버hover는 커서를 쓰는 상황에서는 유용하지만 대부분 터치스크린에서는 아무 일도 벌어지지 않습

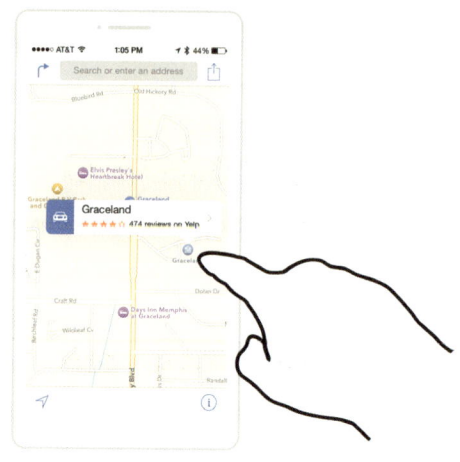

그림 2.3 아이폰의 지도 앱에서 랜드마크를 한 번 탭하면 호버 스타일의 미리보기용 말풍선이 나타납니다. 이를 다시 탭하면 그 장소에 관한 전체 정보를 볼 수 있습니다.

니다(특정 스타일러스 인터페이스는 예외인데요. 삼성의 S펜 스타일러스는 펜이 화면 위에 살짝 떠 있을 때 호버 이벤트를 발생시킵니다). 호버는 음성 및 문자 전용 브라우저까지 포함하면 보편적으로 사용할 수 없기 때문에 하나의 향상 기능으로 여겨야 합니다. 호버를 지원하는 디바이스와 브라우저에서 일종의 바로가기shortcut나 콘텐츠 미리보기를 위해 사용하는 것은 괜찮습니다. 그러나 호버가 콘텐츠에 접근할 수 있는 유일한 방법이 되어서는 안 됩니다.

탭tap으로도 호버와 비슷하게 정보를 잠깐 보여주는 효과를 낼 수 있습니다. 지도 인터페이스를 한번 보죠. 랜드마크를 처음 탭하면 요약된 정보를 보여주고, 한 번 더 탭하면 세부 정보로 이동합니다(그림 2.3). 대부분의 터치 웹 브라우저는 mouseover 이벤트와 CSS :hover 상태를 이 간단한 두 단계를 통해서 처리합니다. 첫 번째 탭에서 마우스 오버나 호버를 트리거하고, 제대로 된 클릭은 두 번째 탭에서 이루어지는 거죠.

곧 발표될 CSS4 미디어 쿼리CSS4 media queries 표준에는 디바이스의 호버 가능 여부를 기반으로 스타일을 조정할 수 있는 새로운 호버 미디어 쿼리가 포함될 예정입니다(http://bkaprt.com/dft/02-03/). 예를 들어, 호버가 가능한 디바이스에서는 예전처럼 콘텐츠를 숨겼다가 나타나게 할 수 있지만, 아이패드와 같이 터치 입력만 있는 경우에는 콘텐츠를 항상 보이도록 설정할 수 있습니다.

```
@media (hover) {
    /* 호버 가능한 디바이스를 위한 CSS;
    숨겼다가 호버될 때 보여줍니다. */
    .metadata { display: none }
    .metadata:hover { display: block }
}

@media (hover: none) {
    /* 호버가 불가능한 디바이스를 위한 CSS;
    항상 보이도록 설정합니다. */
    .metadata { display: block }
}
```

이 이야기는 디바이스에 하나 이상의 입력이 있으면 더 복잡해집니다. 터치스크린 태블릿에 보조 마우스를 사용한다고 가정해봅시다. 이 경우 hover는 앞서 둘러 본 pointer 미디어 쿼리처럼 작동합니다. 무엇이 되었든 브라우저가 지정하는 기본 입력을 따라가는 것이죠.

마우스가 보조적으로 추가되었지만, 태블릿의 기본 입력은 터치이므로 브라우저는 이 태블릿을 호버가 불가능한 디바이스로 판단합니다. 심지어는 마우스를 실제로 사용하고 있을 때도 말입니다. 순위에 상관없이 호버가 가능한 입력이 있을 때 hover를 활성화하고 싶다면 새로 소개된 any-hover 미디어 쿼리를 사용해보세요.

```
@media (any-hover: hover) {
    /* 사용할 수 있는 입력 중 하나 이상에 호버가 가능한 경우 */
}
```

호버 가능한 입력이 없을 때도 같은 방식의 규칙을 사용합니다.

```
@media (any-hover: none) {
    /* 사용할 수 있는 입력 중 어느 것에도 호버가 불가능한 경우 */
}
```

그렇다면 hover와 any-hover는 언제 사용해야 할까요? 구분법은 간단합니다. hover는 디바이스의 메인 입력 인터페이스가 쉽게 호버링 할 수 있을 때 트리거됩니다. 이와는 대조적으로 any-hover는 호버가 가능할 때마다 작동합니다. 호버를 위해 보조적 입력 디바이스나 추가적인 노력이 필요한 경우에도 말이죠(예를 들면, 어떤 브라우저에서는 터치 타깃을 오래 누르면 호버가 활성화됩니다). 상황은 더 복잡해질 수 있습니다. 앞서 소개한 태블릿의 예에서 브라우저는 원칙적으로 호버가 없다고 판단해서 hover:none 미디어 쿼리를 따르지만, 보조 마우스를 이용해서 요소 위로 마우스를 가져가면 :hover 가상 클래스pseudo-class가 작동합니다. 놀라워 보일 수 있지만, 아래와 같은 CSS 규칙이 실제로 실행됩니다.

```
@media (hover: none) {
    /* 디바이스의 기본 입력으로 호버가 가능하지 않을 때 */

    a:hover {
        /* 보조 입력으로 호버가 가능할 수도 있으니 대비책으로써 */
        color: red;
    }
}
```

이것으로 브라우저는 기본 입력(터치)은 물론 보조 입력(마우스)까지 고려한 최적의 레이아웃을 보여주고자 하는 디자이너의 바람을 이루어줍니다. 멀티 입력 디바이스를 위한 디자인, 그 어지럽고 거친 세상에 오신 것을 환영합니다.

크게 만들거나 홈으로 가거나

화면 크기는 변할 수 있지만, 손가락은 그렇지 않습니다. 터치 타깃은 작은 핸드폰에서 아주 큰 데스크톱에 이르기까지 손가락으로 누를 수 있을 만큼 충분히 커야 합니다. 2013년 구글 연구에 따르면 전체 웹사이트의 83%에서 사용하는 터치 타깃이 너무 작아서 사용자가 불편을 겪는다고 합니다(http://bkaprt.com/dft/02-04/). 어마어마한 비율이죠. 터치 타깃은 잘못 누르지 않도록 충분히 크게 만들어야 합니다. 그래야 사람들이 눈에 힘을 주고 집중하지 않아도 쉽게 탭할 수 있고, 제대로 눌리지 않아서 여러 번 탭하다가 화면을 쥐어박는 일이 없을 것입니다. 작은 <select> 메뉴, 유틸리티 메뉴의 작은 글씨, 깨알 같은 푸터 링크footer link는 사용할 수 있는 크기로 키워야 합니다.

그렇다면 얼마나 커져야 할까요? 그 답은 "손가락 끝은 얼마나 큰가?"라는 매우 근본적인 질문으로 이어집니다. 사람의 손가락 크기는 어린아이의 경우 8mm에서부터 인크레더블 헐크[1]의 경우 18mm로 엄청난 차이가 있습니다. 다행히도 가장 중요한 것은 손가락 자체의 크기가 아닌 화면에 접촉하는 손가락 끝의 너비입니다. 손가락이 얼마나 두껍고 가는지에 상관없이 손가락 끝이 화면에 닿는 표면적은 놀라울 정도로 일정합니다.

---

[1] 인크레더블 헐크(Incredible Hulk): 2008년 개봉한 헐크의 두 번째 실사 영화이자 주인공 캐릭터의 이름.

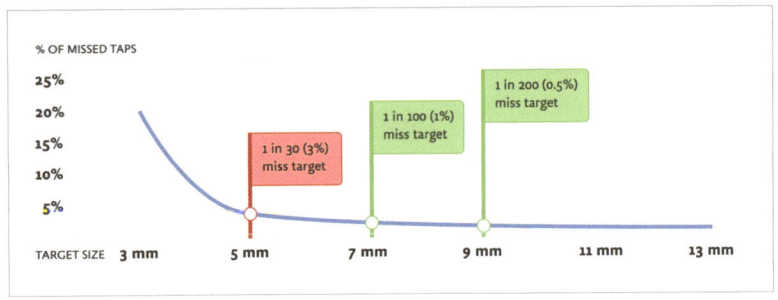

그림 2.4 마이크로소프트의 터치 정확성 연구에 따르면 터치 타깃의 최소 크기는 7mm이고, 9mm 이상에서 그 효과는 미미합니다.

딱 좋은 크기: 7mm

디바이스 종류와 관계없이 터치 타깃은 7mm 혹은 약 0.25인치 inch가 적당합니다. 마이크로소프트 연구진은 핸드폰과 데스크톱의 터치스크린에 관한 한 연구에서 다양한 타깃 크기에 따른 사람들의 터치 능력을 시험했습니다(http://bkaprt.com/dft/02-05/). 예상대로 버튼이 작을수록 탭 실수는 잦아졌습니다. 5mm의 크기에서는 30번 중 한 번 터치 타깃을 놓쳤습니다. 받아들일 수 없을 만큼 높은 비율이죠. 7mm의 경우 100번 중 한 번으로 나쁘지 않은 수준이었고, 9mm에서는 200번 중 한 번으로 그 비율이 더 낮아졌습니다. 9mm보다 큰 경우에는 아주 미미하게 향상되었습니다(그림 2.4).

대부분 화면에서 일반적인 터치 타깃이라면 7mm로 충분해보입니다. 만약 잘못 눌렀을 때 심각한 후회를 일으킬 만한 중요한 경우라면 터치 타깃을 9mm까지 키우세요. 11mm까지도 괜찮습니다. '닫기', '삭제'와 같은 제거 액션이 따르는 경우 대상을 크게 만드는 것이 좋습니다. 그 외에도 마이크로소프트 인터페이스 가이드라인 Microsoft design guidelines에 명시된 '잘못 터치할 경우 액션을 취소하기 위

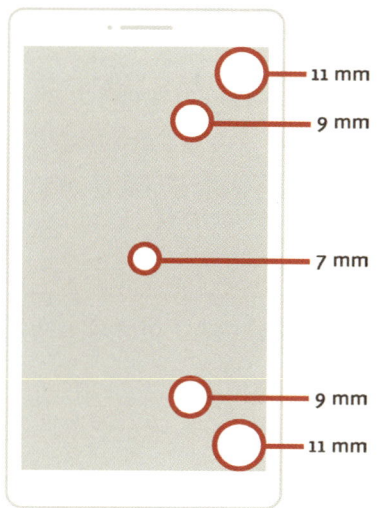

그림 2.5 화면 중앙은 7mm로 충분하지만, 화면 코너나 상, 하단 에지같이 엄지를 뻗어서 사용해야 하는 위치에는 9mm나 11mm로 크기를 키우는 것이 좋습니다.
(자료 출처: 스티븐 후버와 패티 생크의 연구, http://bkaprt.com/dft/01-07/)

해 제스처가 두 번 이상 필요하거나, 5초 이상의 시간이 걸리거나, 혹은 크게 맥락이 바뀌어야 하는 경우'에도 이렇게 만드는 게 좋습니다(http://bkaprt.com/dft/02-06/). 공간이 넉넉한 태블릿과 데스크톱에서는 모든 터치 타깃을 9mm로 하는 것도 괜찮습니다.

이처럼 터치 타깃이 크면 큰 비용을 들이지 않고도 안전성을 강화할 수 있습니다. 게다가 큰 터치 타깃은 작은 디바이스에서도 정확도를 높입니다. **터치 타깃은 7mm보다 절대 작아서는 안 된다는 것을 명심하세요.**

위치: 레이아웃과 타깃 크기

탭 타깃 모두를 동등하게 취급할 수는 없습니다. 핸드폰의 경우 부채꼴 모양의 엄지 존은 다른 영역보다 탭 정확도가 훨씬 높습니다. 이 말은 엄지 존에서 멀어질수록 터치 타깃이 커져야 한다는 뜻입니다다. 특히, 코너 네 군데는 탭 정확도를 높이기 위해 11mm 또는 그보다 크게 만들어야 합니다 (그림 2.5).

항상 그렇듯 특정 사용자는 더 주의를 기울여야 합니다. 만약 아주 어리거나 아주 나이가 많은 사람처럼 움직임이 민첩하지 않은 사용자를 위한 디자인이라면 10mm에서 15mm 정도의 더 큰 터치 타깃을 제공하는 것이 바람직합니다.

좋습니다! 그런데… 밀리미터? 밀리미터는 CSS나 모바일 앱 코딩에 쓰는 단위가 아닙니다. 우리에게 익숙한 단위로 이 숫자는 얼마일까요? 44. 이 숫자를 머리에 새기세요.

탭 타깃의 최소 크기는 44(PIXEL, POINT, DP)

44는 플랫폼에 상관없이 7mm 터치 타깃을 보장하는 마법 같은 숫자입니다. 웹이라면 44픽셀 pixel(이하 px)을 사용하세요. 네이티브 앱이라면 플랫폼 고유의 단위가 있죠. iOS는 포인트 point(이하 pt)를, 안드로이드는 DIP density-independent pixels[2] 혹은 dp(이하 dp)를 사용합니다. px, pt, dp, 이 세 가지 단위는 이름만 다를 뿐 실제 크기는 같습니다. pt와 dp는 일반적인 웹 픽셀과 마찬가지로 160dpi에서 크기가 정해집니다. 그러니 플랫폼에 상관없이 같은 숫자를 적용해도 됩니다. 160dpi에서 44px은 0.275인치로 7mm와 같습니다. 짜잔!

(잠깐, 모든 화면이 160dpi인 것은 아니지 않나요? 픽셀 밀도가 디바이스에 따라 크게 다르므로 웹 픽셀 자체의 크기가 다를 수 있지 않나요? 짧게 답하자면, 아닙니다. 더 긴 대답은 이 장의 끝부분을 참고하시기 바랍니다. 우선은 44

---

2 DIP(Density Independent Pixels): 의미 전달을 위해 우리말로 표현하면 '밀도 독립적 픽셀'이다. 안드로이드 앱 개발에 사용되는 단위로, 앱이 특정 해상도에 종속되지 않도록 기존 픽셀 단위 대신 사용한다. 안드로이드는 DIP 이외 SP(스케일된 픽셀, Scaled Pixel) 단위도 사용한다.

를 믿고 따라와 주세요.)

　44를 최솟값으로 두고, 누르기 쉽고 탭 실수도 줄일 수 있도록 탭 타깃을 더 크게 설정해도 괜찮습니다. 특히 큰 화면에서는요. 160dpi에서 9mm는 57px로 환산됩니다. 정말 크게 만들고 싶다면 10mm는 63px, 11mm는 69px입니다.

　반면에 타깃 크기를 어쩔 수 없이 줄여야 하는 경우도 생깁니다. 모든 터치 타깃은 최소 가로, 세로 7mm인 44×44인 것이 좋지만 작은 화면에서는 절충안을 찾아야 합니다. 예를 들어, 아이폰 키보드의 키key 높이는 44를 유지하지만, 너비는 30입니다. 쿼티QWERTY 키보드도 비슷한 케이스로, 가로 모드landscape view일 때 키의 너비는 44로 넓어지지만 높이는 38로 줄여서 화면 안에 맞춰 넣습니다.

　제한된 공간 때문에 탭 타깃이 작아져야 할 때 제가 찾은 가장 좋은 방법은 터치 타깃의 한쪽은 최소 44px을 유지하고, 정말 어쩔 수 없는 경우라면 다른 한쪽을 4.75mm와 비슷한 30픽셀까지 줄이는 것입니다. 정리하면 터치 타깃의 실질적인 최소 크기는 44×30 혹은 30×44입니다.

음, EM을 사랑하자

　하지만 픽셀 단위도 완벽하지는 않습니다. 반응형 웹 디자인에서는 em 단위로 크기와 레이아웃을 정의하는 것이 가장 좋은 방법입니다(http://bkaprt.com/dft/02-03/). em은 텍스트 크기에 맞춰진 상대적인 단위입니다. 1em은 현재 화면에 나타난 글자 크기의 높이와 같습니다. 터치 타깃에 적용할 최소한의 물리적 크기를 정의하는 데에 상대적인 단위를 사용하라는 말이 이상하게 들릴지도 모르겠네요. 하지만 운 좋게도 대부분의 브라우저가 16px 폰트를 기본값으로 설정하고 있습니다. 16px이 1em이므로 최소 터치 타깃은 마법 같은 숫자 2.75em으로 환산됩니다.

```
2.75em   = 44px = 7mm
3.5625em = 57px = 9mm
```

하지만 em은 부모 요소parent element가 정의한 폰트 크기에 대한 상대적인 값이라서 엉망이 되기 쉽습니다. 만약 12px 폰트가 적용된 요소 안에 2.75em으로 설정한 버튼을 두면, 버튼 크기는 44px이 아닌 33px이 됩니다. 앞서 열심히 계산한 것이 무용지물이 되네요.

자, 영웅을 맞이할 음악을 틀어주세요. 우리를 구출하기 위해 이제 rem이 등장합니다. rem은 'root em' 혹은 DOM 내 <html> 요소인 루트 요소root element의 글자 크기를 의미합니다. rem 크기는 항상 이 루트 요소를 참조하므로 페이지 안에서 글자 크기가 아무리 바뀌어도 근본적으로 일정한 값을 가집니다. 대부분 브라우저가 루트 font-size를 16px로 설정하므로 2.75rem은 44px입니다.

rem은 CSS3에서 소개되었기 때문에 오래된 브라우저(IE8 포함)는 이 단위를 이해하지 못합니다. 이런 브라우저를 지원하기 위해서는 먼저 크기를 픽셀로 특정시킨 후 이것을 rem으로 정의합니다.

```
html { font-size: 16px; } /* 디폴트 폰트 크기를 표준인 16픽셀로
설정합니다. */
.touch { height: 44px; height: 2.75rem } /* 7mm */
.touch-big { height: 57px; height: 3.5625rem }  /* 9mm */
```

이렇게 하면 모든 브라우저에서 터치 타깃에 대한 일관된 룰을 적용할 수 있게 됩니다. 우리가 열망하던 반응형 디자인의 마법에 맞추어 자유자재로 늘어나고 줄어들면서 말이죠.

그림 2.6 스카이프Skype의 다이얼 패드는 버튼이 나란히 붙어 있지만 44픽셀보다 훨씬 큰 크기여서 탭 실수를 피할 수 있습니다.

여유를 주자

터치 타깃의 주변 공간도 터치 크기만큼이나 에러를 방지하는 데 중요한 역할을 합니다. 타깃이 서로 가까울수록 각각 크기가 커져야 하는 것처럼 터치 크기가 줄어들수록 터치 타깃 간의 간격은 넓어져야 합니다.

마이크로소프트 디자인 가이드라인을 보면 이와 관련된 표준이 다음과 같이 잘 정리되어 있습니다. 7mm의 터치 타깃은 최소한 2mm(13px이나 0.8125rem)의 간격을 두어야 하며, 두 터치가 서로 인접할 경우 터치 타깃을 9mm(57px이나 3.5625rem) 이상으로 설정합니다.

휴. 이제까지 터치의 크기와 간격 그리고 rem 단위 사용에 관해 이야기했습니다. 다시 앞에서 이야기하던 주제로 돌아갑시다. 바로 물리적인 픽셀에 관해서 말이죠. 다양한 픽셀 밀도를 지닌 화면과 상대적인 단위에 관해 다룰 때, 어떻게 '44'라는 숫자 하나로 물리적인 크기를 보장할 수 있나요? 앞으로 갈 길은 쉽지 않으니 안전띠를 잘 매세요. 힘들지만 분명 가치 있는 여정이 될 것입니다. 물리적인 인터페이스를 디자인하려면 픽셀이 어떻게 물리적인 크기와 연관되어 있는지를 반드시 이해해야 합니다. 앞으로 밝혀지겠지만, 픽셀은 여러분이 생각하는 것과 다른 모습일 것입니다.

이것은 픽셀이 아니다(뷰포트의 배신)

지금의 픽셀은 예전과 다릅니다. 픽셀이라고 하면 아마도 화면에 존재하는 물리적인 도트(점)를 떠올리는 분이 많겠죠. 이런 픽셀을 하드웨어 픽셀hardware pixel이라고 부릅니다. 화면과 화면 밀도에 거의 변화가 없던 웹의 초창기 시절에 이 도트는 모든 디스플레이(96dpi)에서 같은 크기였습니다. 하지만 디스플레이는 오래된 디바이스의 매우 낮은 밀도 화면을 시작으로 오늘날 초고밀도의 레티나retina 디스플레이 및 그와 비슷한 종류에까지 이르렀습니다. 이 다양성으로 인해 픽셀로 디자인한 전통적인 웹 페이지에 한 가지 문제가 생겼습니다. 같은 사이트임에 불구하고 해상도에 따라 렌더링된 결과물의 물리적 크기가 달랐던 것입니다. 고해상도에서 렌더링된 것이 저해상도에서보다 훨씬 작았던 것입니다 (그림 2.7).

이 문제를 보완하기 위해 W3C는 2011년에 CSS2.1을 통해 픽셀을 재정의했습니다. 픽셀은 더는 하드웨어에 종속된 빛의 입자가 아닌 정밀한 물리적 거리를 뜻합니다. 하드웨어 픽셀에서 출발하여 레

그림 2.7 다양한 화면 해상도로 인해 크기 문제가 발생했습니다. 같은 콘텐츠(이미지 파일)가 고해상도 화면(왼쪽)과 저해상도 화면 (오른쪽)에서 물리적으로 다른 크기로 보입니다. 모든 디바이스에서 같은 크기였던 픽셀이 더는 같지 않습니다. (사진 출처: Veronika Sky Kindred, http://bkaprt.com/dft/02-07/)

퍼런스 픽셀reference pixel이나 CSS 픽셀, 혹은 웹 픽셀web pixel로도 알려진 가상 픽셀virtual pixel까지 오게 되었습니다. 이 가상 픽셀은 인치나 센티미터처럼 일정한 크기를 지니기에 어떤 픽셀 밀도의 하드웨어든 상관없이 그 크기가 같습니다.

W3C는 이 가상 픽셀을 오래된 데스크톱 모니터의 해상도인 96dpi 혹은 1/96 인치에 맞춰 정의했습니다. 이런 방식은 상황을 깔끔하게 잘 정리할… 뻔했습니다. 브라우저가 실제로 이 표준을 지켰다면 말입니다. 문제는 터치스크린 브라우저가 이 96dpi 가상 픽셀을 따르지 않으면서 생겼습니다. 사실 핸드폰과 태블릿 브라우저는 이 표준을 고의로 무시하고 그들만의 방식으로 작동합니다.

다이나믹 뷰포트에는 다이나믹 픽셀을

이 모든 것의 범인은 웹 페이지에서 핀치 앤드 줌 pinch and zoom 을 가능하게 하는 마법 같은 일을 일으키는 다이나믹 뷰포트 dynamic viewport 입니다. 이 덕분에 웹사이트, 아니 더 정확히 말해 픽셀은 특정한 물리적 크기를 잃게 됩니다. 저는 지금 972픽셀 너비의 뉴욕타임스 New York Times 웹사이트를 보고 있는데요, CSS 사양에 따르면 96픽셀이 1인치와 같으므로 이 사이트는 10인치보다 조금 넓어야 합니다.

972px ÷ 96dpi = 10.13"

하지만 핸드폰에서 이 사이트를 보면 3인치보다 작은 크기로 줄어들어 있습니다. 작은 화면에서 전체 페이지를 한눈에 볼 수 있는 유일한 방법이니 이건 좋은 일입니다. 이렇게 한눈에 들어오는 전체 페이지에서부터 확대해서 들어가면 그에 맞춰 글자가 갑자기 커지면서 기사를 읽을 수 있게 됩니다(그림 2.8). 이로써 '데스크톱' 웹사이트를 작은 화면에서도 사용할 수 있게 됩니다. 디자인적인 측면에서 볼 때 다이나믹 뷰포트는 픽셀을 고정된 물리적 크기로 매핑 mapping[3] 한다는 개념을 깨뜨립니다.

해결책은 뷰포트를 동적으로 만들지 않는 것일 수 있습니다. 한마디로 고정하는 거죠. 하지만 하나의 크기로 모든 상황에 대처하는 사이트의 경우 확대와 축소를 하려면 다이나믹 뷰포트가 필요합니다. 더 나은 해결책은 웹사이트를 디바이스에 맞는 크기로 반응하도록 만드는 것입니다. 그렇게 하면 확대나 축소가 거의 필요 없어지죠.

---

3 매핑(mapping): y = f(x)와 같은 일종의 함수 관계로, 하나의 값(데이터 집합)을 다른 값(데이터 집합)으로 번역하거나, 두 개의 데이터 집합 사이에 1:1 대응 관계를 설정하는 것을 말하며 사상(寫像)이라고도 한다.

그림 2.8 웹사이트를 확대 및 축소할 때 고정된 크기의 픽셀 개념은 깨집니다.

디바이스 너비에 맞게 뷰포트 크기를 지정하라

제대로 된 반응형 사이트는 뷰포트를 디바이스 너비에 맞추어 고정합니다. 아래의 태그를 페이지 <head>에 추가하기만 하면 되죠.

```
<meta name="viewport" content="width=device-width,
    initial-scale=1.0" />
```

이 태그를 우리가 이해할 수 있는 말로 번역하면, "브라우저야, 난 네가 잘 해낼 거라고 믿어. 네가 알아서 내 사이트에 맞는 고정 너비를 찾아 보여줘"라는 뜻입니다. `device-width`는 디바이스 '본연의natural' 크기를 가상 픽셀로 계산한 값이라고 생각하면 됩니다. 핸드폰과 태블릿에서는 화면의 전체 너비이고, 데스크톱에서는 브라우저의 윈도우 너비가 이에 해당합니다.

(예상했겠지만, `width = device-width`는 뷰포트의 너비를 설정하는 것입니다. `initial-scale = 1.0`은 페이지 로딩 시 브라우저가 확대나 축소를 하지 않도록 합니다. 이 덕분에 모바일 사파리가 가로 모드에서 페이지를 확대하지 않도록 막을 수 있습니다. 확대하는 대신 더 넓어진 너비에 맞게 가로 모드 레이아웃을 리플로reflow[4]합니다.)

실제로 이 모든 것이 어떻게 동작하는지 알아보기 위해 아이폰 6를 예로 들겠습니다. 아이폰 6의 `device-width`는 375픽셀입니다 (혹시 몰라 다시 말하지만, 이건 하드웨어 픽셀이 아닌 가상 픽셀입니다. 고해상도인 아이폰 6의 너비는 750 하드웨어 픽셀입니다). 위에서 말한 `<meta>` 태그를 사용하면 뷰포트의 크기가 이 디바이스의 '본연의' 너비인 375 가상 픽셀로 고정됩니다. 뷰포트 미디어 쿼리도 이 값을 참조합니다. 아이폰 6 예제에서 위의 `<meta>` 태그를 사용하면, `375px` 뷰포

---

4 리플로(reflow): 브라우저에 따라 렌더링 프로세스가 조금씩 다르지만 기본적으로는 DOM에서 작성된 렌더 트리(render tree) 내에 있는 특정한 요소에 변화가 생길 때 발생한다. 흔히 화면이 리사이징될 때 일어나 새로 고침으로 생각하기 쉽지만 리플로가 발생하는 이유는 다양하므로 그 원인을 숙지하는 것이 중요하다. 리플로가 발생했을 때 대부분 화면 전체를 다시 레이아웃시켜 심각한 퍼포먼스 저하를 유발하는 프로세스다. 특히 성능이 제한된 모바일의 경우, 이 리플로 프로세스에 대한 철저한 이해가 성능 향상에 큰 도움이 될 것이다.

트 너비와 일치하는 `max-width` 혹은 `min-width`의 모든 미디어 쿼리가 해당 CSS 규칙을 이 핸드폰에 적용합니다.

따라서 위에서 본 것처럼 뷰포트를 디바이스 너비로 설정하면 적어도 하나의 디바이스에서 웹 픽셀은 고정된 너비를 가질 수 있게 됩니다. 하지만 이는 원래 웹 규격이 지정한 96dpi와는 아주 거리가 멀어집니다. 2007년 애플이 1세대 아이폰의 `device-width`를 `320px`로 설정하면서 웹 픽셀을 대략 160dpi가 되었고, 이는 모든 후속 모바일 브라우저에 영향을 미쳤습니다. 애플이 만든 다이나믹 뷰포트는 크게 히트치며 `<meta name = "viewport">` 태그도 소개했죠. 이후 모두가 이 기준을 따랐습니다. 이제 거의 모든 모바일 브라우저는 가상 픽셀의 크기를 조정하는 `device-width`를 거의 같은 픽셀 밀도로 잡고 있습니다. 터치스크린 웹 픽셀의 사실상 표준은 160dpi입니다.

그리고 이것은 44픽셀 규칙이 왜 유효한지에 대한 설명이기도 합니다.

여기까지 잘 따라오셨기를 바랍니다. 몇 페이지에 걸쳐서 우리는 '픽셀'의 의미를 여러 번 재정의했습니다. 하지만 이 훈련을 통해 터치스크린 브라우저의 160dpi 규칙을 기반으로 탭 타깃을 측정할 수 있는 신뢰할 만한 기준을 얻을 수 있었습니다. 관점을 바꿔서 보면 화면이 아주 제멋대로인 것만은 아닐 수 있습니다. 다음 장에서도 생각을 바꿔 바라봐야 합니다. 많이 쓰이는 인터랙션에 초점을 맞춰 깊이 들여다보고, 느리게 움직이는 손가락과 엄지손가락을 위한 효율적인 디자인 패턴에 대해 생각해볼 것입니다. 이제는 시동을 켜고 속도를 올려봅시다.

3 더 빠른 손놀림

훌륭한 인터페이스는 원하는 바를 즉각적으로 실행할 수 있도록 합니다. 한 번의 터치면 충분하죠. 시간을 쪼개서 0.1초라도 줄이는 것이 중요하지 않아 보일 수도 있지만 이런 것들이 모여 차이를 만듭니다. 결정적으로, 이러한 효율성이 바탕이 되었을 때 사람들은 인터페이스를 무의식적으로 사용하게 됩니다. "1초를 아끼거나 탭을 한 번 줄이거나 판단이 필요한 순간을 없애는 것이 중요하다고 하면 우습게 들리지만, 이건 정말 중요합니다." 디자이너 존 맥웨드[John McWade]는 이렇게 덧붙입니다. "훌륭한 인터페이스는 디바이스의 존재감을 잊게 합니다. 기계라기보다는 내 생각과 손의 연장선같이 느껴지죠. '획'하면 '짠'하고 나타나니까 마치 살아 숨 쉬는 것 같습니다."(http://bkaprt.com/dft/03-01/)

간편한 UI의 비밀은 무엇일까요? 그 답은 편리함 그리고 속도감입니다. 앞서 우리는 인체공학적 설계와 넉넉한 터치 타깃 같은 편리함에 중점을 두었죠. 그렇다면 인터페이스에 속도감을 부여하기 위해 무엇이 필요할까요? 보통 우리는 속도를 논할 때 웹 페이지나 앱이 구동된 후 보이기까지 걸리는 시간이 얼마인가와 같은 기술적인 성능을 이야기합니다. 물론 그것도 중요하죠. 그러나 바이트byte를 기반으로 한 속도 개념은 빠른 손가락 움직임을 통한 속도 향상을 간과하고 있습니다. 데스크톱 시대부터 이어져 오던 디자인 관행의 대부분은 기술적인 터치를 받았지만, 디자이너의 터치는 아직 받지 못했습니다. 이 장에서는 이런 익숙한 디자인 솔루션을 어떻게 하면 더 빠른 손놀림을 위한 디자인으로 바꿀 수 있는지를 알아봅니다.

적재 적시의 정보와 컨트롤

의학 드라마에서 외과 의사의 움직임을 직관적으로 예상하고 제때에 필요한 장비를 의사에게 건네는, 어시스턴트로 구성된 멋진 팀이 나오는 장면을 본 적 있을 것입니다. 조용히 옆에 서 있다가 필요할 때 알맞은 도구를 들고 나타나 주는 것, 이것이 인터페이스의 역할입니다. 빠른 인터페이스의 핵심은 적절한 순간에 딱 필요한 만큼 제공하는 것에 있습니다.

주요 액션은 기본 화면에 바로 노출

UI를 줄일수록 작업 속도는 빨라집니다. 왜냐하면, 사용자는 해야 할 일이나 정보의 종류가 몇 가지로 집중되어 있을 때 페이지를 더 빠르게 흡수하며, 여러 페이지보다 한 페이지일 때 내용을 빠르게 이해합니다. 예를 들어보겠습니다. 제품 리스트 화면은 그 안에서 제품을 간단히 장바구니에 담을 수 있어야 합니다(그림 3.1). 사람들이 리스트를 빠르게 둘러보다가 화면을 전환하지 않고 한 번의 탭

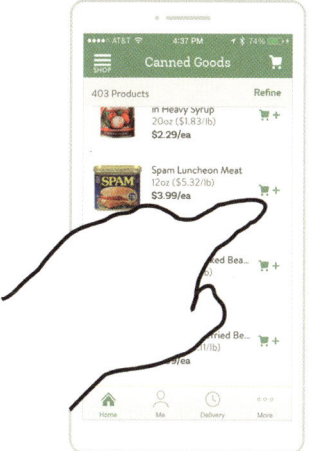 

그림 3.1 스팸 캔SPAM이 급히 필요한가요? 프레시다이렉트The FreshDirect 쇼핑 앱에서는 탭 한 번으로 제품을 장바구니에 담을 수 있습니다. 제일 좋아하는 통조림 햄의 상세 정보를 보려면 장바구니 아이콘 이외의 아무 곳이나 탭하면 됩니다.

그림 3.2 iOS의 메일 앱(왼쪽)은 메시지를 왼쪽으로 스와이프하면 옵션 메뉴를 보여줍니다. 이와 비슷하게 비메오 아이폰 앱(오른쪽)은 영상을 오른쪽으로 스와이프해서 즐겨찾기favorite와 공유share 기능을 사용할 수 있습니다. 두 경우 모두 해당 액션을 위해 별도의 화면으로 이동할 필요가 없습니다.

더 빠른 손놀림   **97**

으로 쉽게 액션에 접근해서 바로 아이템을 처리할 수 있도록 하세요.

이렇게 하면 액션을 추가하기 위해서 굳이 공간을 확보할 필요도 없어집니다. 이러한 바로가기는 우선 숨겨 두었다가 제스처로 꺼내어 쓸 수 있으므로 고급 사용자용 옵션으로 처리할 수도 있습니다 (그림 3.2). 이와 비슷한 경우로, 브라우저를 비롯한 많은 앱은 아이템을 길게 누르면 컨텍스트 메뉴contextual menu를 보여줍니다. 이러한 바로가기는 발견될 때까지 사용자에게 보이지 않는다는 단점이 있습니다. 사용자가 제스처를 알아볼 수 있게 하는 방법에 대해서는 5장에서 알아볼 것입니다.

딱 알맞게 요약된 정보의 제공

앞서 리스트 화면에서 주요 작업으로 접근하는 방법을 논할 때 말했던 원칙은 주요 정보를 다루는 방법에도 적용됩니다. 예를 들면, 리스트 화면에서 각각의 상세 화면으로 사용자가 일일이 들어가게 만드는 대신, 각 아이템에 따른 가장 중요한 데이터를 리스트 화면에 임베드embed 하세요(이를 '유용한 정보 미리보기reserve nice-to-know information'라고 부릅니다. 유용한 정보가 아닌 일반적인 상세 정보에 적용해도 괜찮습니다).

꼭 알아야 하는 정보를 최상위 리스트에 포함하면 정보를 더 요청할 필요가 줄어들어 동선이 짧아집니다. 이메일 앱이 각 메일 내용의 첫 문장 일부를 메일 리스트에 포함하는 이유가 바로 여기에 있습니다. 날씨 앱을 둘러보면 기온과 함께 친숙한 ☀️☁️ 아이콘을 조합해서 날씨를 표시합니다. 이런 간결한 표현으로 사용자는 필요한 대부분의 날씨 정보를 얻을 수 있습니다. 강수량, 기압 등 세부 사항을 알고 싶을 때는 탭해서 확인할 수 있게 해도 좋습니다. 아니, 그렇게 해야만 합니다. 하지만 주요한 사용 목적에 해당하는 것은 리스트 화면에서 처리하도록 합니다(그림 3.3).

그림 3.3 이 날씨 앱에서는 시간대별 날씨가 한눈에 보입니다. 상세한 정보가 필요하면 시각을 탭하면 됩니다. 하지만 대부분 기온과 날씨 아이콘만으로도 날씨에 관한 정보는 충분합니다.

　이와 같은 접근법을 점진적 공개 기법progressive disclosure이라고 합니다. 그 시점에서 딱 필요한 만큼의 정보만 보여주고 요청이 있을 때 자세한 내용을 제공하는 것입니다. 제대로 디자인된 점진적 공개 기법은 매 순간의 경험을 명쾌하고 집중적으로 유지하면서도 더 복잡한 정보에도 접근할 수 있게 합니다. 다시 날씨 앱으로 돌아갑시다. 잘 설계된 사이트나 앱은 기상 마니아에게는 기압 정보를 마음껏 즐기도록 하는 동시에 우리처럼 평범한 사람들에게는 오늘 우산이 필요한지를 신속히 알려줍니다. 점진적 공개 기법은 정보의 밀도보다 명료함을 우선해야 합니다. 가장 상세한 정보에 접근하기 위해서는 탭을 더 해야 하지만 그 정도면 괜찮은 거래입니다. 사용이 빠른 인터페이스 구축은 인터랙션의 수를 줄이는 데만 있지 않습니다. 중요한 것은 사용 품질입니다.

좋은 탭과 나쁜 탭의 구분

우리는 추가되는 탭과 클릭에 대해 결벽증을 가지고 있습니다. 물론 합당한 이유가 있습니다. 초창기 웹 시절에는 느린 통신망 때문에 링크를 클릭한 후 다음 페이지가 뜰 때까지 시간이 한참 걸렸습니다. 똑같은 문제가 느린 모바일 통신망에서 다시 나타났지만 이 어려운 시절을 지내오며 배운 것이 있습니다. 웹 페이지는 콘텐츠를 페이지에 띄우기 전에 미리 불러들일 수 있고, 앱은 로컬 데이터베이스에 콘텐츠를 미리 준비해 둘 수 있다는 것입니다. 이렇듯 네트워크 다운로드가 문제가 아니라면 각 화면을 핵심 내용과 작업만으로 정제하고 추가 탭을 사용하는 것이 바람직합니다.

탭에 있어서 질quality은 양quantity보다 훨씬 중요합니다. 탭이 새로운 정보를 보여주고, 작업 완료를 알리거나 한 번 더 웃게 만드는 등 무언가를 가져온다면 그야말로 질 좋은 탭입니다. 좋은 탭을 마다해서는 안 됩니다. 피해야 할 것은 쓸데없는 탭으로, 효율적으로 제스처를 쓰거나 콘텐츠를 제때 제대로 보여주면 피할 수 있습니다. 앞서 본 날씨 앱을 떠올려봅시다. 만약 시간별 날씨에 시간 구분만 있고 기온과 날씨 아이콘이 없다면 사용자는 일일이 시각을 탭해야 하루의 날씨 변화를 알 수 있게 됩니다. 정말 필요 없는 탭이죠. 딱 알맞은 정도의 정보를 추가하면 쓰레기 더미에 빠지는 일을 피할 수 있습니다.

사용자를 읽는 인터랙션

사람들의 사용 방식을 조용히 관찰하고 알맞게 대응하는 인터페이스를 만드세요. 필요한 때에 사용자가 마음껏 사용할 수 있도록 상황에 맞는 옵션을 내보이세요. 이런 예측하는 인터랙션predictive interaction은 점쟁이의 도움 없이도 구축할 수 있습니다. 대부분의 경우 특정 명령은 특정 컨텍스트에서만 의미가 있기 때문이죠. 예를 들어,

 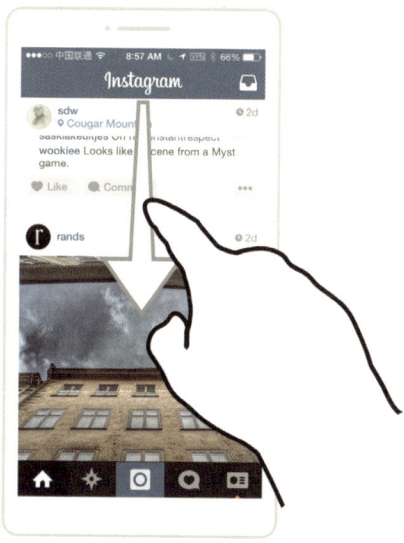

그림 3.4 화면을 스크롤 해 내려오다가(왼쪽) 스크롤을 다시 올리면(오른쪽) 인스타그램의 툴바가 다시 나타납니다. 사용자가 인박스 메뉴를 찾고 있다고 예상하는 거죠.

터치 인터페이스에서 복사하기와 붙여넣기 툴은 사용자가 먼저 텍스트를 선택했을 경우에만 나타납니다. 이런 행동적 단서 behavioral cues 는 다음에 무엇이 필요한지 슬쩍 알려줍니다. 인스타그램의 경우, 사진이 물 흐르듯 아래로 이어지고 사용자는 보통 그에 따라 스크롤합니다. 이때 거꾸로 위를 향해 스크롤하는 행동은 무언가 목적이 있다는 뜻이죠. 인스타그램은 사용자가 화면 상단 컨트롤을 찾는다고 추측하고 그 컨트롤을 화면에 바로 보여줍니다(그림 3.4).

인스타그램의 예는 즉각적이고 사려 깊은 서비스이지만, 이 역시 시간을 잡아먹는 인터랙션이며 엄청난 양의 스크롤에 대처하는 바로가기일 뿐입니다. 인스타그램은 페이지 상단으로 되돌아가는 수고를 줄여주었지만, 그 대신 처음부터 페이지 길이를 줄이는 것도 또 다른 방법입니다.

긴 스크롤 자르기

스크롤 자체는 나쁜 것이 아닙니다. 화면을 손가락으로 휙휙 스크롤하는 것은 터치스크린의 매력 중 하나죠. 하지만 지나치게 긴 화면은 엄지손가락을 피곤하게 할 뿐만 아니라 사용자의 인내심도 갉아먹습니다. 터치를 위해서는 간략한 페이지가 좋습니다.

디자이너는 작은 화면에서 콘텐츠를 하나의 칼럼column으로 쌓아 올리는 경향이 있어서 긴 스크롤을 흔히 볼 수 있습니다. 이해는 가지만 반응형 디자인에 대처하는 아주 게으른 방법입니다. '이 레이아웃에는 칼럼이 세 개네? 식은 죽 먹기지. 애들을 쌓아 올려 엄청나게 거대한 칼럼으로 만들면 되는걸. 끝났다!' 이런 생각을 하는 디자이너가 만든 웹사이트를 방문한 사용자는 쓸데없이 긴 페이지의 끝까지 갈 수 있을까요? 도착했다 치더라도 그렇게 많이 스와이핑하고도 손가락을 움직일 수 있을지 의문입니다.

많은 양의 콘텐츠를 관리하려면 미세한 차이를 이용할 줄 알아야 합니다. 오프 캔버스 레이아웃off-canvas layout이라는 전략을 소개합니다(http://bkaprt.com/dft/03-02/). 이 레이아웃은 칼럼이나 콘텐츠가 필요해질 때까지 화면 밖에 숨겨둡니다. 이는 점진적 공개 기법의 또 다른 형태라고 할 수 있습니다(그림 3.5). 몇 가지 예를 들어보죠.

- 상단이나 사이드에서 슬라이딩해 들어오는 내비게이션 메뉴
- 추가 정보를 제공하는 사이드 바
- 구간별로 분할된 긴 폼form(큰 화면에서는 폼 전체를 보여줄 수도 있지만, 화면이 작을 때에는 섹션 별로 보여줍니다. 각 섹션은 화면으로 슬라이딩해서 들어와 화면 전체를 차지합니다.)

오프캔버스 레이아웃은 서로 연관된 콘텐츠를 나란히 둔다는

그림 3.5 넓은 화면(위)에서는 모든 칼럼을 한 번에 보여주고, 화면이 작을수록 일부 내용을 오프스크린offscreen 요소로 취급합니다. 관련성이 높아지거나 요청이 들어오면 개념적으로 연관된 콘텐츠를 화면에 디스플레이합니다.

칼럼의 주요한 기능을 그대로 유지할 수 있습니다. 관련성이 높아지거나 요청이 들어올 때까지 사이드 바는 화면 밖에 밀어두세요. 이렇게 하면 연관된 콘텐츠끼리 가까이 유지하면서도 긴 스크롤은 피할 수 있습니다. 아코디언accordian이나 토글toggle처럼 이차적인 콘텐츠를 압축하는 디자인 패턴은 이와 비슷한 역할을 합니다.

오프캔버스 레이아웃 중 자주 잘못 사용되는 예가 캐러셀carousel입니다. 캐러셀은 슬라이드쇼 형식의 위젯이죠. 콘텐츠를 잘라서 개별 패널에 나눠 담은 후 각 패널을 스와이프하거나 탭하죠(그림 3.6). 특정 콘텐츠를 가로 방향으로 압축함으로써 페이지의 세로 길이를 줄이는 매력적인 방법입니다. 이렇게 좋은 의도에도 불구하고 잘못된 곳에서 사용자의 손길을 기다리는 캐러셀이 자주 목격됩니다.

그림 3.6 많은 사이트가 갖가지 정보를 보여주기 위해서 캐러셀을 사용하고 있습니다. 안타깝지만 이 방법은 강조하고자 하는 콘텐츠를 오히려 숨겨버리고 맙니다.

캐러셀의 사용과 남용

　잠시 후에 더 알아보겠지만, 제대로 된 곳에 쓰이는 캐러셀은 정말 환상적입니다. 하지만 잘못된 곳에 쓰이면 그 매력은 완전히 사라져버리고 말죠. 사이트에 들어갈 때 처음으로 떠오르는 페이지인 홈페이지에 사용할 때는 특히 조심해야 합니다. 디자이너들은 홈페이지에 캐러셀을 배치하는 것을 아주 좋아합니다. 화면 공간을 많이 차지하지 않으면서도 시각적으로 강한 인상을 남길 수 있으니 디자인적 고민거리가 한 방에 해결된 것 같기 때문입니다. 언론사 웹사이트는 특집 기사를 캐러셀에 쏟아붓는다고 말할 수 있을 정도입니다. 빠른 속도로 모든 머리기사가 페이지의 알짜배기 위치인 페이지 상단을 마치 마법같이 공유합니다. 쇼핑몰에서는 할인 행사를 같은 방식으로 보여줍니다. 심지어 캐러셀은 디자이너가 뚫고 나가야 하는 회사 조직 내에서 생기는 고민거리도 없애줍니다. 회사 내 모든 부서가 마케팅 사이트의 홈페이지 중 가장 좋은 위치를 서로 쓰고 싶어 할 때, 캐러셀 안에 요청 내용을 모두 넣어버리면 모든 괴로움은 순식간에 해결됩니다.

자리도 많이 차지하지 않으면서 충분한 시각적인 효과도 줄 뿐 아니라 사내의 정치적 압박까지 모면하게 해준다면 이 영특한 회전목마에 올라타도 될 듯합니다. 그렇죠? 하지만 불행히도 캐러셀은 만능 통치약 같아 보이지만 빛 좋은 개살구일 뿐입니다. 캐러셀은 사용자 대부분이 갖추고 있지 않은 인내심과 주의력을 요구하기 때문입니다.

긴 여정

클릭 수를 줄이거나 페이지를 훑어보는 데 걸리는 속도를 최적화하고자 한다면 캐러셀은 도움이 되지 못합니다. 10개의 기사를 보여주는 캐러셀이 있다고 가정해봅시다. 열 번째 기사를 보려면 묵묵히 아홉 개의 기사를 스와이프해야 합니다. 이 기사는 표면상으로는 오늘의 주목할 만한 기사 중 하나이지만 사실은 스와이핑과 탭 더미 아래에 묻혀있습니다. 콘텐츠를 더 잘 보이게 하기 위한 툴이 콘텐츠를 숨겨서는 안 되며, 콘텐츠를 찾다가 손가락을 빼는 일도 없어야 합니다. 캐러셀 속에 들어 있는 것들이 연관성 없이 뒤죽박죽이면 문제는 더욱 악화됩니다. 모여 있는 내용 간에 정리된 관계가 보이지 않으면 사람들은 다음에 무엇이 나올지 모르게 되고 이내 관심을 잃게 됩니다.

한 연구에 따르면 캐러셀에서 발생하는 클릭의 84%가 첫 번째 콘텐츠에서 발생하고 나머지에서는 클릭이 거의 이루어지지 않는

다고 합니다(http://bkaprt.com/dft/03-03/). 〈자동으로 넘어가는 캐러셀과 아코디언은 사용자를 성가시게 하고 가시성도 떨어뜨린다 Auto-Forwarding Carousels, Accordions Annoy Users and Reduce Visibility〉(http://bkaprt.com/dft/03-04/)와 〈홈페이지 캐러셀은 효과적인가? Are Homepage Carousels Effective?〉(http://bkaprt.com/dft/03-05/)라는 연구도 참고하시기 바랍니다. 콘텐츠를 페이지의 제일 좋은 위치에 선보이는 더 나은 방법이 있어야 합니다.

자동화는 어떤가요? 사람들이 일일이 슬라이드를 돌려가며 보지 않는다면 대신해 줄 수도 있습니다. 하지만 사용자가 가만히 앉아서 자동화된 캐러셀을 쳐다보고 있을 것이라는 생각은 지나치게 낙관적입니다. 특히나 모바일 환경을 생각해보세요. 여기에 숨어 있는 불편한 진실은 디자이너가 감수해야 할 결단과 노력을 사용자에게 전가하고 있다는 것입니다.

편집자가 되어 결단을 내려야 합니다. 홈페이지 캐러셀은 단 하나의 톱 기사나 제품을 선택할 필요가 없다며 유혹적인 노래를 부릅니다. "모두가 특별해!"라구요. 하지만 실상은 그렇지 않습니다. 방문자의 대다수가 캐러셀의 첫 아이템만 본다고 가정하면 그 안에 있는 다른 아이템을 첫 번째 아이템과 동등하게 취급한다고 말할 수 없습니다. 편집자가 되어 선택해야만 합니다. 2차적인 아이템에 쉽게 접근할 수 있는 방법을 마련하면서도 단 하나의 아이템을 강조하세요.

한 번의 탭으로 끝내세요. 여러 번 스와이프해야 콘텐츠를 볼 수 있게 하지 말고 한 번의 탭으로 모든 내용을 볼 수 있는 버튼을 제공하세요. 엔터테인먼트 위클리 Entertainment Weekly의 모바일 홈페이지는

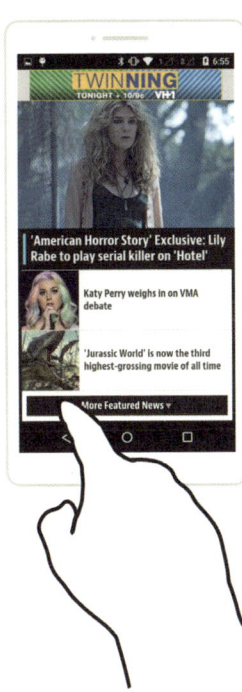

그림 3.7 엔터테인먼트 위클리의 모바일 사이트는 한 번의 인터랙션(더 보기 버튼)으로 상위 15개의 기사를 모두 보여줍니다. 캐러셀 형식이었다면 14번의 스와이핑이 필요했을 것입니다.

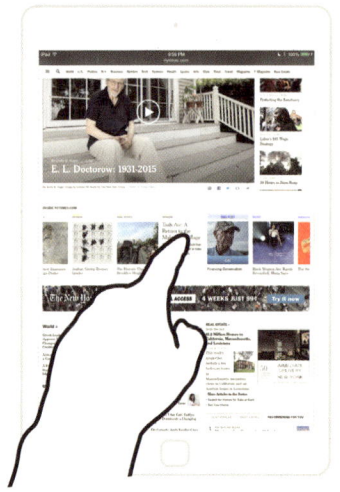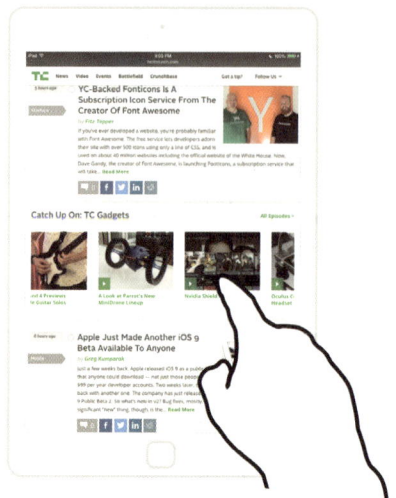

그림 3.8 테크크런치TechCrunch와 뉴욕타임스 같은 뉴스 사이트는 홈페이지 중간에 콘텐츠 밀도가 높은 캐러셀을 배치했습니다. 더 많은 기사를 보기 위해 스와이프하기 전에 여러 건의 특집 기사를 한눈에 볼 수 있습니다.

주요 기사 하나와 이차적인 기사 두 건만 게시하고, 사용자가 '더 보기More' 버튼을 누르면 12개의 머리기사를 추가로 보여줍니다(그림 3.7). 모든 것을 단 한 번의 탭으로 압축하는 이러한 접근법을 사용하면 마지막 기사를 확인하고자 할 때 캐러셀에 들어있을 때보다 스와이핑을 14번이나 줄일 수 있습니다(자그마치 14번이나요!). 12건의 이 기사들은 여전히 버튼 뒤에 숨겨져 있기는 하지만, 눈에 보이는 세 건의 기사 덕분에 더 보기 버튼 뒤에 무엇이 있을지 가늠할 수 있게 됩니다. 무엇이 숨어있는지 모를 수수께끼 같은 냄새 대신 확실한 정보에서 나오는 산뜻한 향기는 사용자에게 원하는 방향으로 가고 있다는 확신을 줍니다.

패널을 묶어둡시다. 엔터테인먼트 위클리의 예가 효과를 얻을 수 있는 이유는 점진적 공개 기법의 핵심인 더 보기 버튼 뒤에 무엇이 있는지 사용자가 예측할 수 있도록 딱 알맞게 정리된 정보를 미리 제공하기 때문입니다. 비슷한 결과를 얻기 위해 캐러셀에 들어가는 하나의 패널에 여러 개의 아이템을 넣는 것이 좋습니다. 이렇게 하면 콘텐츠의 밀도가 높아지게 되고 아이템 사이의 테마가 드러나게 됩니다. 결과적으로 다음 패널을 예측하기가 더 쉬워집니다(그림 3.8). 게다가 이렇게 콘텐츠 밀도가 높아지면 따로따로 패널에 넣을 때보다 탭이나 스와이프 횟수가 줄어들기 때문에 사용 속도 역시 높아집니다.

멋지게 사용되는 캐러셀

지금까지 캐러셀이 여러 가지 종류의 콘텐츠를 보여주는 홈페이지 슬라이드쇼로 잘못 사용된 경우를 살펴봤습니다. 이제부터는 처음 약속했던 대로 어떤 때에 어떻게 캐러셀을 사용해야 제대로 활용할 수 있는지 알아보겠습니다.

캐러셀은 선형 데이터linear data**와 만날 때 빛납니다.** 앞서 보았던 시간별 날씨 앱으로 다시 돌아가 봅시다. 아이템을 수평으로 보여주는 캐러셀은 전형적인 타임라인을 시각화할 때 적합합니다. 데이터의 순서가 분명하고 예측할 수 있으므로 정보를 잘못 이해할 가능성이 매우 낮습니다. 다음으로 넘겼을 때 보게 될 것이 몇 시간 후의 날씨 정보임을 알고 있는 거죠. 여기서 말하는 선형 데이터는 수치로 표시할 수 없는 것도 포함합니다. 캐러셀은 줄거리가 있는 이야기를 들려주거나, 논증을 펴거나, 혹은 제품을 안내할 때 쓰는 파워포인트PowerPoint 스타일의 슬라이드 쇼에도 잘 어울립니다. 콘텐츠의 논리적인 진행은 선형 데이터의 배열에 해당하므로 어떤 콘텐츠든 캐러셀로 표현하기에 좋습니다(그림 3.9).

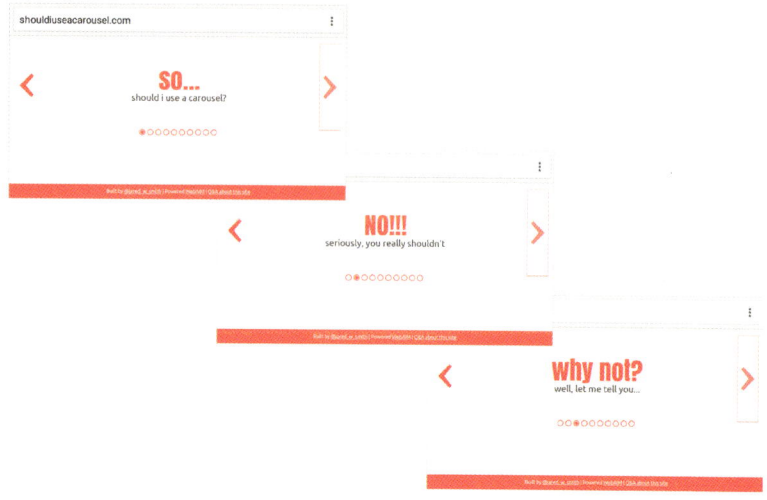

그림 3.9 웹사이트 '캐러셀을 사용해야 하는가?Should I Use a Carousel?'(http://bkaprt.com/dft/03-06/)는 캐러셀을 쓰지 말라고 설명합니다. 하지만 아이러니하게도 이 사이트는 캐러셀을 하나의 주제에 대한 이야기를 전하는 수단으로 훌륭하게 사용하고 있습니다.

캐러셀은 비슷한 아이템을 둘러보기에 좋습니다. 캐러셀은 사진 갤러리와 슬라이드 쇼에 알맞은 포맷입니다. 그러므로 뜻밖의 재미를 발견할 수 있는 환경을 만들기도 합니다. 언제나 그렇듯이 캐러셀은 사용자가 다음에 정확히 무엇을 보게 될지 확신할 수 있는 경우에 가장 효과적입니다. 이 말의 뜻은 슬라이드를 구성할 때 한 가지 주제를 겨냥해서 집중하라는 것입니다. 예를 들자면 '레드 카펫 사진 모음!', '웃긴 모자를 쓴 고양이들!'처럼 말이죠. 이런 컨텍스트에서는 사용 속도를 높이는 것이 아니라 이미지를 웃으면서 느긋하게 둘러볼 수 있게 최적화해야 합니다. 따라서 여기에서 캐러셀을 스와이프하고, 스와이프하고, 스와이프하는 것은 버그가 아닌 기능이라고 할 수 있습니다.

폼 필드 form field 는 냉정하게

웹 폼 web form 은 우리가 원하던 반짝반짝 빛나는 것을 얻기 위해 거쳐야 하는 음울하고 지루한 행정 업무입니다. 온라인에서 서비스를 신청하거나 물건을 구매할 때 누구나 거쳐야 하는 과정이죠. 이때 사용되는 폼 form 은 마치 뛰어넘어야만 하는 장애물 경주처럼 필요하기는 하지만, 장애물이 크면 클수록 그 너머에 있는 우리의 목표물은 빛을 잃는 게 사실입니다.

구매로 이어지지 않은 장바구니를 분석해봤더니, 결제하는 과정이 너무 길어서 포기했다고 말하는 고객이 21%에 달합니다(http://bkaprt.com/dft/03-07/). 한 연구에 따르면, 문의하기 폼 contact form 에 있는 4개의 입력 필드를 3개로 줄였더니 접수된 건이 50% 정도 증가했다고 합니다(http://bkaprt.com/dft/03-08/). 이렇듯 하나하나의 필드가 중요합니다. 폼 필드의 길이를 줄이는 것은 어느 플랫폼에서나 환영받을 일이지만, 터치스크린에서는 필수적인 작업입니다. 터치는 여러 가지 편리함을 주지만, 타이핑이나 폼을 채우는 것 같은 정밀한 인터랙션에는 약합니다.

케이 주얼리 Kay Jeweler 의 모바일 웹사이트는 제품 결제 시 고객에게 40개의 폼필드를 채워달라고 요청합니다(그림 3.10). 한 디자인 워크숍에서 이 결제 화면을 누군가에게 보여줬더니 "이걸 다 채울 만큼 그녀를 사랑하지는 않아"라는 대답을 들었습니다. 결코, 케이 주얼리 사이트를 비꼬려는 것이 아닙니다. 안타깝지만 40개의, 가끔은 그보다 더 많은 양의 폼 필드를 흔히 볼 수 있습니다. 이제는 가지치기를 해야 합니다.

멀티필드 데이터 multifield data 는 합치세요. 그림 3.11을 봐주시길 바랍니다. 이 폼은 고객의 이름을 세 개의 필드로 나누었습니다. 각 필드

그림 3.10 사랑하지 않고서야 어떻게 40개의 폼 필드를 채워 결제할 수 있을까요.

그림 3.11 필드의 개수를 늘리지 마세요. 이름을 물어보는 데 3개의 필드나 쓰지 않아도 되며, 심지어 전화번호 입력에 9개의 필드는 너무 심하죠.

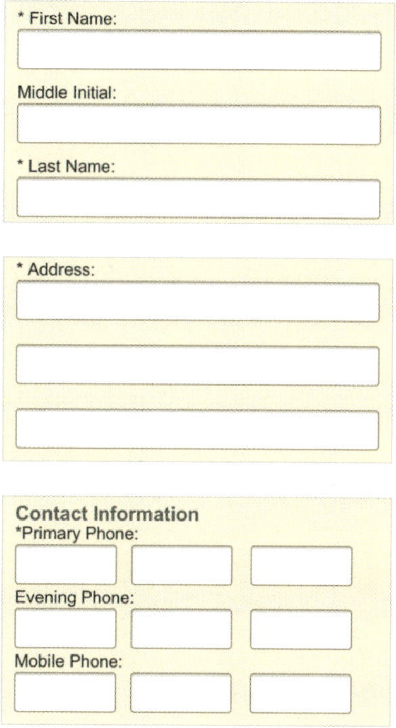

에는 성, 이름, 중간 이름이 들어가죠. 전화번호와 주소 입력도 같은 방식입니다.

 이름도, 전화번호도, 주소도 각각 하나의 필드로 줄여야 합니다. 사이트의 데이터베이스와 폼 사이에 일대일 대응을 하는 경우가 너무 많습니다. 만약 데이터베이스에 이름이 3개의 필드로 나누어져 있으면 디자이너는 그 필드를 곧이곧대로 고객에게 넘깁니다. 하지만 데이터베이스를 채우는 일은 고객의 몫이 아닙니다. 여러분이 그들을 위해 해야 할 일입니다. 새로운 필드로 이동할 때마다 또 한 번의 탭을 해야 하고 이는 결제 과정을 다시 한번 험난하게 합니다. 멀티 필드로 나누어진 데이터를 하나의 필드로 합쳐서 사람들이

더 빠른 손놀림

편하게 사용할 수 있도록 하세요. 하나로 입력된 데이터는 백엔드 backend에서 파싱parsing[1] 작업을 통해 데이터베이스에 맞게 나누면 됩니다.

꼭 필요하지 않은 정보는 묻지 마세요. 무엇이 되었든 추가 입력은 귀찮은 일이죠. 앞의 폼 예시(그림 3.11의 세 번째 그림)는 전화번호를 세 가지나 묻고 있습니다. 온라인 구매 시 전화번호 한 개도 알려주기 꺼림칙한데, 정말 두 개나 더 필요한가요? 미국에서는 우편번호만으로도 신용카드 결제가 가능한데 영수증을 받을 주소가 필요한가요? 요청하는 정보의 양에 대해 냉정하게 생각해봐야 합니다.

질문에 스스로 답하세요. 이미 답을 알고 있다면 고객에게 물어보지 마세요. 우편번호가 있다면 시/도를 물어보지 않아도 되고, 신용카드 번호에는 이미 카드 종류가 심어져 있어서 따로 묻지 않아도 알 수 있죠(예를 들어 아메리칸 익스프레스American Express 카드는 34나 37로, 마스터카드MaterCard는 51에서 55 사이의 숫자로 시작합니다)(그림 3.12). 다시 말하지만, 고객이 데이터베이스를 직접 채우지 않게 하세요.

신용카드 입력은 간단하게 하세요. 대부분의 카드 결제 시스템은 인증을 위해 많은 정보를 요구하지 않습니다. 필요한 정보는 카드 번호, 유효 기간, 보안 코드(CVV, 카드 인증값), 우편번호가 전부입니다. 이는 모두 숫자 기반의 데이터입니다. 모바일 결제 서비스인 스퀘어Square는 하나의 입력 필드로 필요한 모든 카드 정보를 얻을 수 있는 똑똑한 방법을 개발했습니다. 그리고 숫자 키패드만을 사용해서 정

---

[1] 파싱(parsing): 쉽게 설명하면 어떤 데이터를 원하는 모양으로 만들어 내는 작업. HTML, XML과 같은 특정 문서를 읽어 들여 다른 프로그램이나 서브루틴이 사용할 수 있는 방식으로 변환시켜 주는 것이다. 파싱을 하는 프로세서를 파서(parser)라고 한다.

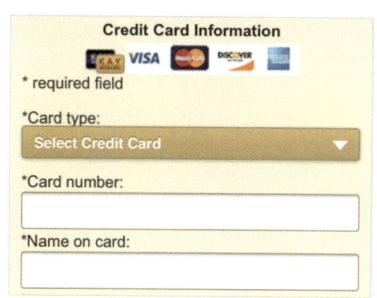

그림 3.12 신용카드 종류는 카드 번호에 이미 심어져 있기 때문에 물어볼 필요가 없습니다.

그림 3.13 스퀘어는 단 하나의 입력 필드에 숫자 키패드만을 사용해 신용 카드 정보를 입력받습니다. 데이터를 입력함에 따라 필드 안에 있는 아이콘이 해당 신용 카드 모양으로 바뀌기 때문에 카드 종류를 확인할 수 있습니다(위 오른쪽). 또한, 보안 코드나 CVV를 어디에서 찾을 수 있는지도 알려줍니다(아래 오른쪽).

보를 입력하는 속도도 높였습니다(그림 3.13).

더 빠른 손놀림　**115**

스퀘어가 개발한 방법은 어떤 것인지 같이 살펴봅시다. 먼저 신용카드 번호를 입력합니다. 처음 몇 자리를 입력하면 밋밋했던 카드 이미지가 입력하고 있는 카드 이미지로 바뀝니다. 번호를 모두 입력하면 마지막 네 자리 숫자만 남기고, 필요한 세 가지 정보를 입력받기 위한 필드로 변경됩니다. 유효 기간, CVV, 우편번호가 추가로 표시되는 거죠. 필드를 옮겨 다닐 필요 없이 숫자 키패드에서 숫자만 쭉 입력하면 됩니다. CVV를 입력할 차례가 되면 카드 이미지를 뒤집어서 보안 코드 정보를 어디서 찾을 수 있는지도 알려줍니다. 이 패턴을 사용하면 시간, 탭, 화면 공간을 절약하는 동시에 사용자에게는 프로세스에 맞는 안내와 확인을 제공할 수 있습니다.

스퀘어에 영감을 받은 개발자 자차리 포레스트 Zachary Forrest 는 이 방식을 웹에서 사용할 수 있도록 HTML 프로토타입을 제작했습니다 (http://bkaprt.com/dft/03-09/).

키보드가 정말 필요한가?

대대적으로 폼을 줄이라는 이유는 터치스크린에서 타이핑 typing 은 너무 느리기 때문입니다. 이 말을 오해하지는 마세요. 적절한 동기가 있으면 사람들은 터치스크린에서 타이핑합니다. 사람들이 터치스크린에서의 타이핑을 꺼린다는 믿음이 널리 퍼져 있지만, 하루에 평균 35개의 문자 메시지를 주고받으며 (http://bkaprt.com/dft/03-10/), 10대는 100개가 넘습니다 (http://bkaprt.com/dft/03-11/). 그렇다고 우리가 타이핑을 아주 잘한다는 말은 아닙니다. 터치스크린에서의 타이핑은 여전히 실수가 생기기 쉽습니다. 그러니 키보드를 불러내고 싶은 유혹이 들 때면 대안은 없는지 먼저 생각해보세요.

한 번의 탭으로 텍스트 필드 text field 를 대신할 수 있도록 하세요. 사용

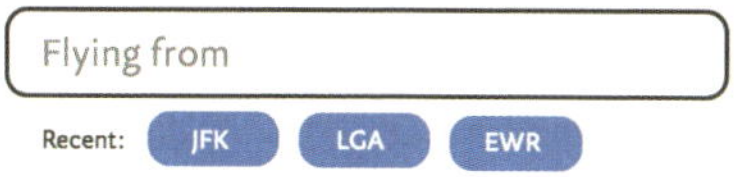

그림 3.14 한 번의 탭으로 정보를 입력할 수 있도록 제안합니다.

CONTENT TYPE	name	autocomplete
Name	name fname mname lname	name
Email	email	email
Address	address city region province state zip zip2 postal country	street-address locality region postal-code country
Phone	phone mobile country-code area-code exchange suffix ext	tel
Credit Card	ccname cardnumber cvc ccmonth ccyear exp-date card-type	cc-name cc-number cc-csc cc-exp-month cc-exp-year cc-exp cc-type

그림 3.15 추천된 `name`과 `autocomplete` 값

자가 서너 개의 값 중 하나를 입력할 가능성이 높으면 한 번의 탭으로 이를 입력할 수 있는 버튼을 필드 옆에 두세요. 예를 들어 여행 사이트에서의 구매 내역이나 GPS 위치를 사용해서 출발지 공항 코드를 제안할 수 있습니다(그림 3.14).

오토필autofill**을 지원하세요.** 브라우저 대부분은 이름, 주소, 전화번호, 이메일과 같이 자주 사용되는 정보를 폼에 자동으로 채우는 오토필을 제공합니다. name과 autocomplete 속성에 각각 특정 값을

사용하여 브라우저가 올바른 필드 값을 얻을 수 있게 합시다(그림 3.15). 다음과 같이 말이죠.

```
<form method="post" autocomplete="on">
    Name : <input type="text" name="name"
    autocomplete="name">
    Email : <input type="email" name="email"
    autocomplete="email">
    Phone : <input type="tel" name="phone"
    autocomplete="tel">
    Address : <input type="text" name="address"
    autocomplete="address">
</form>
```

폼 또는 입력 필드에 autocomplete = "on"을 설정하면 폼이 오토필을 허용할지를 지정할 수 있습니다. 참고로 오토필은 폼의 method 속성이 post로 설정된 경우에만 작동합니다. 폼은 오토필을 디폴트default로 허용하고 있지만, 사용자가 브라우저 환경 설정에서 오토필을 켜야 사용할 수 있는 경우도 있습니다.

다른 앱의 데이터를 활용하세요. 필요한 정보가 이미 디바이스 어딘가에 있을 수도 있습니다. 예를 들어 주소록에 접근할 수 있는 앱을 디자인한다면 누군가의 주소, 전화번호, 이메일을 자동 완성할 수 있도록 연락처를 선택할 수 있게 하세요. 앞서 본 여행 앱에 '행선지' 필드가 있다고 가정해봅시다. 이를 입력하기 위해 목적지의 주소를 연락처에서 선택할 수 있게 하고, 가장 가까운 공항을 불러와서 사용자에게 제안할 수도 있습니다. 그리고 가능하다면 렌터카, 또는 기차나 버스 같은 현지 여행을 위한 옵션을 제공하는 것도 좋겠지요.

올바른 작업을 위한 올바른 키보드

키보드를 불러내야 할 때 웹 페이지 `input` 요소의 `type` 속성을 살펴본 후 목적에 맞는 키보드를 제공합시다. 대부분의 터치스크린 브라우저는 아래의 입력 타입에 최적화된 키보드를 제공합니다.

```
<input type="email">
<input type="url">
<input type="tel">
<input type="number">
```

대부분 브라우저는 `type` 속성에 맞는 키보드를 불러옵니다. 하지만 모바일 사파리의 경우 `input type="number"`에 대응해 숫자와 특수 문자가 함께 탑재된 키보드를 불러옵니다(그림 3.16). 만약 숫자만 있는 키보드^{numeric keyboard}가 필요하다면 `pattern` 속성을 특정하여 `input type`에 던져주면 강제성을 띠지만 사용자가 더 편하게 입력할 수 있습니다.

```
<input type="number" pattern="[0-9]*"
    inputtype="numeric">
```

많은 터치 브라우저는 `type`을 사용하여 날짜나 시간 기반 입력 전용 키보드를 피하기도합니다. 날짜나 시간 선택용 네이티브 컨트롤을 불러오고 싶다면 다음 중 하나를 사용하세요(그림 3.17).

```
<input type="date">
<input type="time">
<input type="datetime">
<input type="month">
```

그림 3.16 모바일 사파리는 필드에 `type="number"`라고 단순히 설정하면 숫자와 특수 문자가 혼합된 키보드를 불러옵니다. 하지만 `pattern`과 `input type` 속성을 추가하면 숫자로만 구성된 키패드로 바꿀 수 있습니다.

그림 3.17 안드로이드 크롬(왼쪽)은 `<input type="date">`으로 설정된 필드를 누르면 달력 UI를, 모바일 사파리(오른쪽)는 iOS에서 익숙한 회전식 날짜 선택기를 화면 전체에 표시합니다.

날짜 선택기date picker는 생일처럼 넓은 기간에 걸친 임의의 날짜를 선택할 때는 괜찮지만, 제한된 범위 내에서 선택해야 하는 경우라면 이보다 더 쉽고 빠른 옵션이 있습니다. 잠시 후에 예를 살펴보겠지만 다른 방법을 찾는 이유는 회전식 날짜 선택기는 터치스크린에서 사용하기 까다롭기 때문입니다. 이런 이유로 다음에 둘러볼 내용을 select 요소로 잡았습니다.

<SELECT>는 더디다

데스크톱 인터페이스에서 select의 드롭다운 메뉴dropdown menus는 정보를 압축시키는 데 있어 큰 공을 세웁니다. 미리 설정된 몇백 개의 옵션을 하나의 작은 컨트롤에 모두 꾹꾹 눌러 담고 있는 것이죠. select 메뉴는 화면 공간을 시각적으로 절약해주지만, 터치에서는 시간과 탭을 낭비하는 경향이 있습니다. 메뉴를 여닫는 데만 두 번의 탭이 필요하고, 선택하려면 화면을 몇 번이고 스와이프해야 하고, 정교하게 조정도 해야 합니다. 절대 터치에는 적합하지 않은 경험입니다.

긴 메뉴는 자동 검색 추천 리스트로 교체하세요. 미국의 50개 주 중에서 하나를 선택하는 메뉴에 대해 생각해봅시다. 와이오밍Wyoming 주는 불행히도 알파벳 순으로 정리된 리스트에서 가장 끝에 있어서 터치 사용자가 선택하려면 아주 아주 많이 스와이프해야 간신히 닿을 수 있습니다. 마지막에서 두 번째인 위스콘신Wisconsin 주는 선택하기가 더 까다롭습니다. 와이오밍 주는 그나마 무조건 아래로만 내달리면 되지만, 위스콘신 주는 위쪽으로 한 번 더 살짝 올려야 선택할 수 있죠.

이 방법보다는 텍스트 필드를 탭해서 타이핑을 시작하고, 입력된 문자 값에 맞는 추천 리스트를 화면에 보여주도록 인터페이스를 구성하는 것이 훨씬 더 빠릅니다(그림 3.18). 텍스트 필드를 탭하고, W를 타이핑하고, Y를 타이핑한 다음, 추천 리스트에 보이는 와이오밍을 탭하면 네 번의 탭으로 입력이 끝납니다.

이론적으로는 HTML5의 datalist 요소를 이용하면 입력되는 문자에 맞춘 자동 검색 추천type-ahead suggestions을 쉽게 만들 수 있습니다(그림 3.19). datalist는 페이지에서 일반 입력 요소처럼 보이지만 웹사이트에서 일련의 추천용 데이터를 제공할 수 있게 합니다. list 속성을 통해 입력 필드를 datalist 요소와 연결하면 됩니다.

```
<input id="state" list="state-list">
<datalist id="state-list">
    <option value="Vermont">
    <option value="Virginia">
    <option value="Washington">
    <option value="West Virginia">
    <option value="Wisconsin">
    <option value="Wyoming">
</datalist>
```

하지만 이 글을 쓰는 시점을 기준으로 했을 때, 모바일 브라우저에서 datalist 요소에 대한 브라우저 지원은 그다지 좋지 않습니다. 이 성스러운 마법의 추천 기능을 무력화하고 그저 문자 입력 필드로만 인식합니다. 브라우저의 기능이 향상되기를 기다리는 동안, 자바스크립트 요정 가루를 뿌려 같은 효과를 만들 수 있습니다. 리아 베루Lea Verou의 어썸플레이트 라이브러리Awesomeplete library(http://bkaprt.com/dft/03-12/)와 마이크 테일러Mike Taylor의 jQuery 데이터리스트 플러그인jQuery Datalist plugin(http://bkaprt.com/dft/03-13/)을 참고하시기 바랍니다.

그림 3.18 익스피디아Expedia 웹사이트는
출발지와 목적지를 선택할 때 입력되는 문자에
기초하여 손가락으로 쓰기 편한 선택 옵션을
제공합니다.

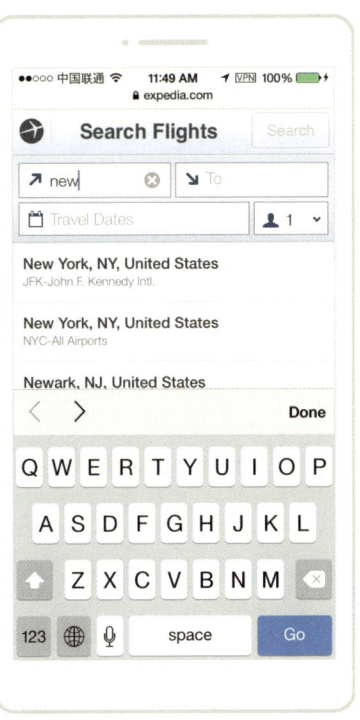

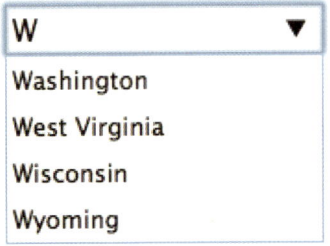
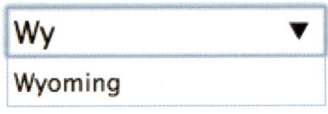

그림 3.19 datalist 요소는 문자 입력 내용에 기초한 자동 검색 추천 리스트를 바로 보여줍니다.

더 빠른 손놀림　**123**

 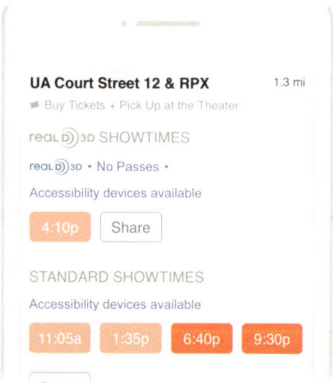

그림 3.20 판당고Fandango는 상영일을 며칠 앞둔 시점부터 영화 티켓을 판매하기 때문에 제한된 데이터(날짜)만 필요합니다. 이 웹사이트는 데이터를 메뉴 뒤에 숨겨두는 대신 쉽게 접근할 수 있도록 바로 노출하고 있습니다(왼쪽). 상영 시간도 비슷한 방식으로 보여주고 있습니다(오른쪽).

짧은 메뉴는 단일 탭 옵션으로 교체하세요. 적은 수의 옵션 세트는 하나의 메뉴로 묶지 마세요. 전부 노출해 탭 한 번만으로 선택할 수 있게 합시다(그림 3.20). 날짜 범위가 좁을 때 이 방법을 사용하면 회전식 날짜 선택기보다 훨씬 더 빠른 경험을 제공할 수 있습니다.

작은 범위의 숫자는 스테퍼 버튼을 사용하세요. 비행기나 영화 티켓처럼 비교적 좁은 범위에서 숫자 조정이 필요한 경우, + 와 − 스텝퍼 버튼stepper button을 사용해서 한 번의 탭으로 숫자를 변경할 수 있도록 합니다(그림 3.21). 스텝퍼는 입력 값이 약간씩 조정되어야 하는 경우에 적합합니다.

이제까지 우리는 사용자가 폼 필드를 빠르게 헤쳐갈 수 있게 하는 사례를 둘러보았습니다. 그런데 반대로 사용 속도를 늦추도록 디자인된 폼도 있습니다. 물론 더 나은 결과를 위해서 말이죠.

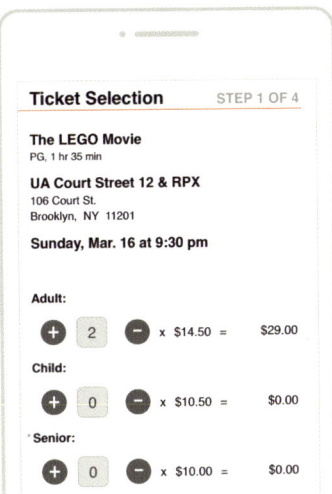

그림 3.21 판당고는 티켓 수를 선택할 때 탭을 줄이기 위해 스텝퍼 버튼을 이용합니다.

제스처 vs 확인 창, 그 한판 대결

'이 메시지를 삭제하겠습니까?'
    확인 | 취소
'변경 사항을 저장하겠습니까?'
    확인 | 취소
'그 브리토를 정말 먹을 겁니까?'
    확인 | 취소

확인 창confirmation dialog은 널리 사용되고 있지만 효과는 거의 없습니다. 이러한 경고는 속도를 늦추고 한 번 더 생각할 시간을 주지만, 우리는 이런 것에 무감각해져 있습니다. 쉽게 무시할 수 있지만 신경 쓰기도 너무 귀찮죠. 의도한 목적에 전혀 맞지 않게 쓰이는 짜증 나는 과속 방지턱과 같습니다.

더 빠른 손놀림

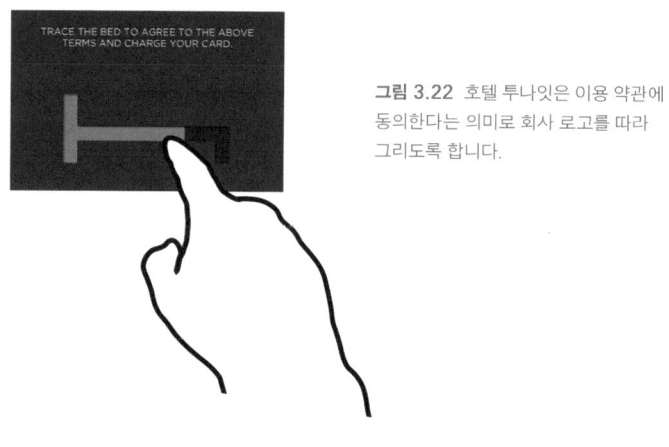

그림 3.22 호텔 투나잇은 이용 약관에 동의한다는 의미로 회사 로고를 따라 그리도록 합니다.

작업을 보호하기 위해서는 적절하게 잘 배치된 제스처가 더 빠르고 좋습니다. 손가락으로 하는 호신술이므로 제스처 주짓수gesture jiujitsu 라고 부르겠습니다. 스와이프는 이 중 최고입니다. 밀어서 잠금 해제, 밀어서 전화 받기, 밀어서 전원 끄기, 밀어서 삭제하기 등 적용 사례도 다양합니다. 스와이프라는 제스처는 약간의 정확도를 요구하기 때문에 확실한 의사 전달용으로 적절하면서도 진행 중인 활동의 흐름을 끊지 않을 정도의 쉬운 제스처입니다. 확인 창 대신 약간의 방어용 제스처를 더하여 사용자가 후회할지도 모를 액션을 미연에 방지하세요. 이중 방지 장치로써 되돌리기undo를 둔다면 더 좋습니다. 가능하다면 어디에서든 마지막으로 수행했던 액션을 취소할 수 있도록 하세요. 사용자가 쉽고 우아하게 패닉 상태에서 빠져나올 수 있도록 그들의 오류에 너그러워집시다.

사용자가 더 많은 주의를 기울여야 한다면 제스처를 더 복잡하게 만들어도 좋습니다. 호텔 예약 앱인 호텔 투나잇Hotel Tonight은 이용 약관에 이러한 방식을 사용합니다. 이 서비스는 막판 예약에 특화되어 있습니다. 예약할 경우 환불이 불가능하다는 중요한 사실을 사용자가 이해했음을 확인하기 위해 간단한 하나의 제스처를 완성해야 합니다. 회사 로고인 침대 모양을 손가락으로 따라 그리게 하면서 화면의 내용을 재차 확인시킵니다(그림 3.22).

손을 쓰지 않는 인터페이스

제스처 주짓수에서 잠시 벗어나겠습니다. 지금까지 둘러본 개선 방안의 대부분은 터치가 덜 필요한 인터페이스를 만드는 것이었습니다. 어떤 터치스크린이든 손가락을 쓰는 일은 여전히 서툴고 느리며 때에 따라 정확성도 떨어집니다. 아무리 UI를 터치에 최적화한다 해도 이 문제를 완벽히 해결할 수는 없습니다. 그렇다면 아예 터치를 없애는 것을 대안으로 생각해볼 수 있죠. 포드Ford 자동차는 손잡이와 버튼으로 된 계기판을 터치스크린으로 바꾼 적이 있는데요, 이때 이 말의 뜻을 제대로 배우게 되었습니다. 계기판이 터치스크린으로 교체된 후, 고객들은 운전 중에 라디오 주파수를 바꾸거나 음량을 조절하기가 너무 불편할 뿐만 아니라 위험하기까지 하다는 타당한 불만을 토로했습니다.

터치가 아주 비효율적인 해결책이 되는 상황 중의 하나가 운전 중일 때입니다. 사용자 눈이 화면을 향해 있지 않으니 당연한 결과죠. 화면 위의 인터페이스는 기계적 버튼과는 달리 손으로 더듬어서 찾을 수 없습니다. 운전자에게 터치스크린을 제공하는 것은 사고가 생길 가능성을 높이는 격입니다. 포드는 어떤 결과가 따를지를 더 생각했어야 했던 거죠. 이 진통을 겪고 나서 결국 포드는 전통적인 기계식 버튼 방식으로 돌아왔습니다(http://bkaprt.com/dft/03-14/).

물리적 컨트롤도 하나의 답이지만 다른 방법도 등장하고 있습니다. 센서가 탑재된 디바이스를 통해 탭을 해야 하는 화면에서 아예 벗어나 우리를 둘러싼 환경과 상호작용할 수 있게 됩니다. 최초로 센서 기반의 디자인에 영감을 준 것은 GPS 위치 감지였습니다. 가까운 카페 위치를 알려주고, 인근 기차역에서 다음 차가 언제 출발할지를 알려주는 웹사이트와 앱을 통해서 말이죠. 인근 정보는 업계의 판도를 바꿔놓았습니다. 게다가 센서는 예전보다 훨씬 더 강력한 성능을 발휘할 수 있게 되었습니다. 지금은 우리 앞에 놓인 센서를 파악하고 어떻게 잘 이용할 것인지를 고민해야 할 때입니다.

센서를 이용한다는 이 아이디어는 우리에게 친숙한 바코드^{bar code}와 (그보다는 덜 사용되는) 사촌 동생 격인 QR코드의 사용을 증가시키고 있습니다. 선과 점에 URL과 같은 데이터를 심어 놓으면 카메라가 이를 읽어냅니다. 이로써 사용자가 손가락으로 해야 할 일이 사라집니다. 게다가 카메라 인식^{camera vision}은 손가락보다 훨씬 더 정교하여서 다음과 같은 강력한 바로가기도 가능하게 합니다.

- 이베이^{eBay} 계정을 만들 때 이름과 주소를 입력하는 대신 운전면허증을 카메라에 비추면, 사용자 정보를 자동으로 읽어 들여서 가입 절차를 완료합니다.
- iOS의 모바일 사파리는 사용자가 신용카드 사진을 찍을 때 결제 정보를 가져옵니다.
- 구글 번역^{Google Translate} 앱은 카메라로 글자를 비추면 다른 언어로 번역하여 보여줍니다(그림 3.23). 이 앱은 번역된 글을 실시간으로 보여주는데요, 같은 서체^{typeface}와 색으로 화면 위에 보여줍니다. 마치 마법 같은 다국어 창문을 통해 세상을 보는 것 같은 기분이 들게 합니다.
- 레이어^{Layer}는 편집자가 출력된 페이지에 디지털 멀티미디어를 심을 수 있게 하는 모바일 앱이자 웹 서비스입니다. 잡지의 한 페이지를 사진으로 찍어서 올린 후 그 레이아웃에 맞게 비디오와 관련 링크를 추가할 수 있습니다. 한마디로 살아 움직이는

그림 3.23 구글 번역Google Translate 앱의 단어 렌즈word lens 는 오래된 방식인 광학 문자 인식과 카메라를 연동해서 실시간 번역을 제공합니다. 익숙하지 않은 언어를 타이핑해야 하는 수고를 덜어주고 철자를 잘못 입력하는 오류도 방지합니다. (비디오 이미지 출처: 구글, http://bkaprt.com/dft/03-16/)

페이지가 되는 거죠.

- 시력이 좋지 않거나 볼 수 없는 사람은 룩텔 머니 리더LookTel Money Reader 앱을 이용해 지폐의 종류를 구분할 수 있습니다. 미국 지폐는 눈으로 보지 않고는 구분하기가 거의 불가능하죠. 스마트폰은 이제 이런 불편을 겪는 사람들의 눈이 되어줍니다. 센서가 터치스크린을 보완할 때 디바이스는 시력에 문제가 있거나 다른 장애가 있는 사람들을 위한 놀라운 인터페이스를 제공할 수 있게 됩니다. '시각 장애인, 스마트폰을 통해 세상을 보다 Visually Impaired Turn to Smartphones to See Their World'를 방문하면 더 많은 사례를 볼 수 있습니다(http://bkaprt.com/dft/03-15/).

여기까지는 카메라에만 해당하는 예시였습니다. 최신 디바이스는 다양한 센서를 이용하는 초능력자나 다름없습니다.

- 마이크는 디바이스에게 들을 수 있는 능력을 주었습니다. 웹 오디오Web Audio API(http://bkaprt.com/dft/03-17/)를 살펴보면 어떻게 브라우저가 소리를 만들고 인식하지를 알 수 있습니다. 또한, 웹 스피치Web Speech API(http://bkaprt.com/dft/03-18/)를 통해 브라우저는 단어를 이해하고 읽기도 합니다.
- GPS는 사용자의 위치는 물론 더 나아가 주변 정보도 알려줍니다. 지리적 위치Geolocation API는 브라우저에 114와 같은 역할을 합니다.
- 지문 인식은 인스턴트ID instant ID를 제공합니다.
- 속도계accelerometer, 자이로스코프gyroscope 그리고 나침반compass은 사용자의 움직임과 활동을 추적합니다. 디바이스 방향 감지Device Orientation API(http://bkaprt.com/dft/03-20/)를 이용하면 디바이스가 어느 쪽을 향하고 있는지 알아낼 수 있습니다.
- 빛 감지 센서는 앰비언트 라이트Ambient Light API(http://bkaprt.com/dft/03-21/)를 통해 얼마나 밝은지 혹은 어두운지를 브라우저에 알려줍니다.

와이파이, 통신망, 블루투스나 비접촉식 인증 NFC 같은 표준 네트워크를 추가하면 디바이스들은 서로 데이터를 공유하거나 원격으로 화면을 조정하는 등 대화를 시작합니다. 초소형 네트워크 컴퓨터가 점점 더 많은 물체, 장소, 가전제품 등에 내장됨에 따라 개인용 디바이스로 접근하고 조작할 수 있는 주변 데이터의 양은 늘어날 것입니다. 어떻게 이 데이터를 모으고 사용해야 사람들의 시간과 노력을 아낄 수 있을지, 혹은 끔찍이도 귀찮은 데이터 입력을 어떻게 줄일 수 있을지를 언제나 생각하길 바랍니다.

다른 말로 표현하자면, 어떻게 하면 최소한의 입력으로 최대한의 결과를 도출할 수 있는가? 라는 것이죠. 앞서 본 센서를 이용한 예는 단순히 입력 과정을 줄여주는 것만을 의미하지 않습니다. 더 중요하고 흥미로운 부분은 디바이스가 주어진 사용자의 환경에서 직접 단서를 찾는다는 점입니다. 센서 사용을 위한 디자인을 할 때 화면뿐만 아니라 사용자가 속한 환경 전체를 하나의 디지털 캔버스라고 생각해야 합니다. 그것이 우리가 진심으로 마음을 쓰는 대상인 사람과 환경 간에 더욱 직접적인 상호작용을 일으키는 기회를 만들어 낼 수 있게 합니다. 화면에 집중되었던 관심 일부를 사용자에게로 되돌려야 합니다.

그렇다고 화면에 아예 관심을 끊으면 안 됩니다. 업계에서는 터치 인터페이스의 가능성과 손으로 정보를 조작하는 기능에 대한 탐험이 이제 막 시작되었습니다. 직접적인 터치 인터랙션은 정보를 마치 실존하는 물체처럼 다룰 수 있게 합니다. 여기에 제스처까지 아우른다면 인터페이스는 빨라질 뿐만 아니라 더욱 자연스럽고 명쾌하며 직관적으로 변할 것입니다.

4 제스처

손은 감정을 나타내는 훌륭한 도구입니다. 우리는 이야기할 때 항상 손을 함께 사용합니다. 손을 통해 질문하고, 의도를 내비치고, 주의를 집중시키며, 감정을 드러냅니다. 손등을 휘젓는 것은 의견에 대한 일축을, 손가락질은 비난을, 그리고 엄지손가락을 추어올리는 것은 적극적인 동의를 나타냅니다. 손은 사람과 사람 사이의 의사소통뿐만 아니라, 사물과의 의사소통에도 아주 효과적입니다. 신발끈을 묶는 섬세한 동작부터 피클 통 뚜껑을 여는 둔탁한 힘까지, 손과 손가락은 그립grip, 압력, 위치 및 민감성을 상황에 맞게 즉각적으로 조절할 수 있습니다.

어떻게 하면 디지털 정보를 다룰 때도 이와 비슷하게 표현할 수 있을까요? 터치스크린은 문자 그대로 데이터를 사용자의 손에 쥐여줍니다. 그리고 그 사이에서 상호작용이 가능하고 해석할 수 있도록 하는 것이 디자이너의 역할입니다. 손은 사람 및 사물과 소통하는 그만의 강력한 어휘가 있지만, 안타깝게도 터치스크린을 위한 제스처 언어는 아직도 문법을 배우는 수준에 머물러 있습니다. 더 풍부한 어휘집이 우리 앞에 놓여있지만, 더 정교한 제스처가 일반적으로 사용되기까지는 아직 시간이 더 필요합니다.

이 장에서는 그 가능성을 탐험하려고 합니다. 이미 많이 알려진 몇 가지 제스처를 살펴보는 것으로 시작하겠습니다. 그리고 버튼과 탭tab 같은 전통적인 인터페이스 요소가 터치가 지닌 표현 가능성에 미치지 못하는 이유에 대해 알아보고자 합니다. 또한 어떻게 하면 더 나은 대안을 만들 수 있는지도 살펴볼 것입니다. 이 과정을 통해 잘못된 제스처 디자인을 피하고, 브라우저에서 제스처를 코딩하는 기술(두통이 밀려오죠)로 마무리할 것입니다. 자, 우선 기초부터 시작해봅시다.

제스처의 기본 어휘

모든 플랫폼에서 사용할 수 있는 핵심적인 제스처는 몇 가지 되지 않습니다. 여기에서 언급하는 모든 제스처는 이해하기가 쉽고 사용자 스스로 발견할 수 있다고 봐도 무방합니다. 제스처 디자인을 구축하기 위한 가장 기본적인 구성 요소라고 할 수 있죠.[1]

---

[1] 이후에 언급되는 모든 터치 제스처는 웹액츄얼리에서 출간한 '아름다운 웹사이트 만들기 시리즈' 루크 로블르스키의 저서 《모바일 우선주의》(개정판)에서 명명된 이름을 그대로 사용하고 있다. 탭이나 드래그처럼 일반적으로 널리 알려진 제스처가 아닌 경우, 한글 번역을 고려했지만 전 세계 공용으로 사용되는 것이기에 영어 발음 표기대로 쓰게 되었다. 대신 이해를 돕기 위해 원서에는 저술되지 않은 제스처에 대한 설명을 《모바일 우선주의》(개정판)에서 발췌하여 추가했다.

탭 Tap

손가락 끝으로 표면을 짧게 터치하기 탭은 터치 세상에서의 클릭입니다. 다양한 목적을 위해 화면 위의 요소와 상호작용하는 액션입니다. 탭은 "이것에 대해 더 알고 싶어" 혹은 "이것을 활성화하고 싶어"라는 의향을 나타냅니다. 1장에서 이야기했듯이, 탭은 터치 환경에서 호버를 대신할 수 있는 좋은 방법이기도 합니다. 첫 번째 탭으로 대상을 '엿보기peek'합니다. 상세 내용을 열지 않고 정보를 미리 보는 거죠. 두 번째 탭은 이를 활성화하는 데 사용합니다.

스와이프 Swipe

손가락을 댄 후 일직선으로 드래그하기 탭과 마찬가지로 스와이프는 너무 익숙해서 그 사용법이 뻔하면서도 제한적으로 보입니다. 스크롤하거나 뷰를 전환하기 위해 스와이프하는 것처럼 말이죠. 하지만 사용 패턴이 미묘하게 달라지고 있습니다. 스와이프로 숨겨진 패널을 드러내는 것이죠. 예를 들면 플랫폼에 상관없이 화면 상단을 스와이프하면 상태바status-bar 알림이 열린다던가, 윈도우에서 에지 제스처edge gesture를 취하면 컨트롤 패널이 미끄러져 나옵니다. 바로 앞 장에서 보았듯이 스와이프는 방어적인 디자인에서도 중요한 역할을 합니다. 잠금 해제, 전화 받기 혹은 삭제하기처럼 실행 후 후회할지도 모를 액션으로부터 사용자를 보호합니다.

롱 프레스 Long press

표면을 오랫동안 터치하기 롱 프레스는 오른쪽 클릭과 비슷한 역할을 합니다. 터치된 아이템에 관련된 액션이나 정보에 맞는 컨텍스트 메뉴를 나타나게 하는 마술을 부립니다. 롱 프레스에 관한 기본 개념은 모든 터치 플랫폼에서 유지되지만, 구체적인 내용은 다음과 같습니다.

- **윈도우.** 롱 프레스는 마우스 오른쪽 클릭과 같은 역할을 하면서 컨텍스트 메뉴context menu를 불러냅니다(윈도우에서 한 손가락으로 아이템을 누른 채 다른 손가락으로 한 번 더 빨리 탭하는, 두 손가락 탭two-finger tap을 통해서도 이 메뉴를 불러올 수 있습니다).
- **안드로이드.** 리스트 아이템을 길게 누르면 안드로이드의 컨텍스트 액션 바contextual action bar가 나타납니다. 이 액션 바에 있는 리스트에서 추가적인 액션(예: 삭제, 이동)을 선택하면, 한 번에 모든 항목에 액션을 적용할 수 있습니다.
- **웹.** 대부분의 터치 브라우저는 롱 프레스를 사용하여 링크와 이미지용 컨텍스트 메뉴(저장, 복사, 공유 등과 같은 액션을 위한 메뉴)를 불러냅니다. 이는 웹 앱web app에서 롱 프레스를 사용하려면 기본 브라우저 동작을 오버라이드override해야 한다는 뜻으로, 거의 언제나 사용성을 해칩니다.
- **iOS.** iOS 앱에서의 롱 프레스 사용은 다른 플랫폼에 비해 일관성이 떨어지지만, 컨텍스트 메뉴나 요약 콘텐츠를 불러오는 데 쓰이기는 합니다. 그러나 사용법이 불규칙하다는 것은 전문가나 호기심이 많은 사용자만이 롱 프레스를 발견할 수 있다는 뜻이기도 합니다. 따라서 상세 화면으로 가는 바로가기 정도로 여기는 것이 가장 좋습니다.

롱 프레스 앤드 드래그Long press and drag

표면을 오랫동안 눌렀다가 표면에서 떼지 않고 드래그하기 모든 플랫폼에서 이 제스처는 끌어와서 놓는 드래그 앤드 드롭drag-and-drop 동작을 불러옵니다. 드래그할 수 있는 아이템을 길게 누르면 이 아이템을 옮기겠다는 의사가 전달되고, 드래그하면 아이템을 목적지로 가져갑니다.

핀치 앤드 스프레드 Pinch and spread

핀치: 두 손가락으로 표면을 짚은 후 손가락을 모으기, 스프레드: 두 손가락으로 표면을 짚은 후 손가락을 벌리기 이 한 쌍의 인터랙션은 일반적으로 이미지, 지도, 웹 페이지를 축소/확대합니다. 사용자가 오브젝트를 잡고 조이거나 늘리는 즉각적이고 재미있는 인터랙션이죠.

말 그대로 축소/확대하는 광학 줌 zoom 의 메타포 버전이 시맨틱 줌 semantic zoom 입니다.[2] 시맨틱 줌은 윈도우에서 널리 사용된 덕분에 새로운 규약이 되었으며 많은 애플리케이션에 추가되고 있습니다. 시맨틱 줌은 두 가지 뷰 사이를 빠르게 전환합니다. 하나는 클로즈업이고 다른 하나는 상위 레벨 구성에서 바라보는 조감도입니다. 윈도우용 자포스 Zappos 쇼핑 앱을 예로 들어보겠습니다. 확대된 뷰는 제품 카테고리와 함께 코너 전체를 보여줍니다. 액세서리 코너에는 모자, 장갑 등과 같은 카테고리가 보입니다(그림 4.1). 빠르게 둘러 보기 위해 이 화면을 핀치하면 카테고리 없이 코너를 단순화된 리스트로 보여줍니다. 해당 코너를 스프레드하거나 탭하면 다시 확대된 상세 화면으로 돌아갑니다.

다른 접근법은 정보 계층 구조 information hierarchy 를 더 깊은 곳까지 살펴보기 위해 시맨틱 줌을 더 확장한 경우입니다. 예를 들어 아이패드의 사진 앱은 사진과 그 사진이 속한 앨범 사이를 오가는 방법으로 핀치 앤드 스프레드 제스처를 씁니다(그림 4.2). 사진 한 장을 보다가 뒤로 가기 버튼 back button 을 누르면 앨범 내 모든 사진을 보여주는 섬네일 뷰 thumbnail view 로 돌아가지만, 사진을 핀치해도 같은 결과를 볼 수 있습니다. 시맨틱 줌은 사용자가 앱 구성 단계를 위아래로

---

2 광학 줌과 시맨틱 줌: 이 두 개념은 조작 방식과 기본 동작(확대 축소 비율에 따라 더 많이 또는 더 자세히 표시)이 같아서 혼동하는 경우가 많다. 광학 줌은 사진처럼 오브젝트나 콘텐츠 영역에 대한 배율을 조정하는 것을 의미한다. (출처: Windows 개발 센터, https://docs.microsoft.com/ko-kr/windows/uwp/controls-and-patterns/semantic-zoom)

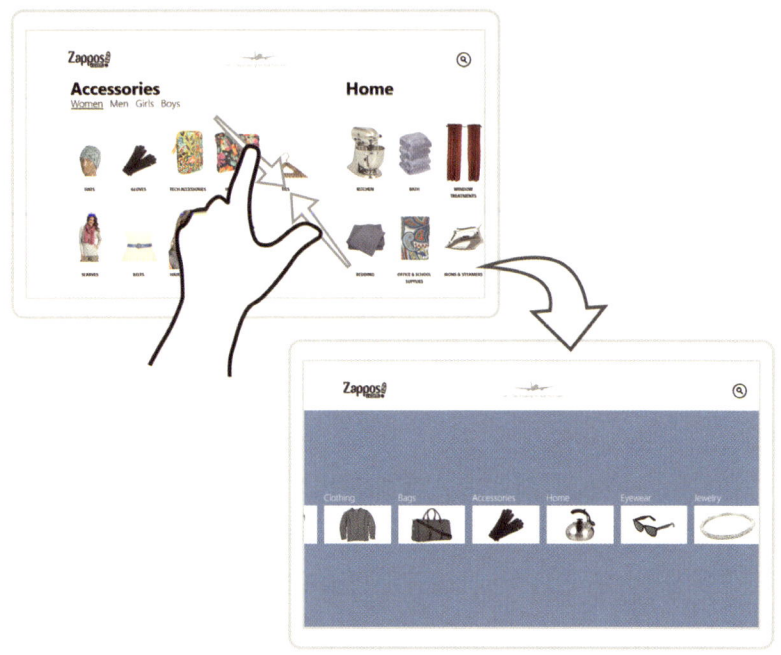

그림 4.1 자포스Zappos 앱에서 브라우징 뷰를 핀치하면 윈도우의 시맨틱 줌이 활성화되어 매장의 코너를 보다 요약해서 볼 수 있습니다.

쉽게 이동할 수 있도록 합니다. 섬네일 뷰(사진)에서 핀치하면 이를 닫고 상위 구조(앨범)로 돌아가고, 앨범 뷰에서 섬네일 이미지를 스프레드하면 하위 구조인 앨범 내 섬네일 화면으로 들어갑니다.

더블탭 Double-tap

손가락 끝으로 표면을 빠르게 두 번 터치하기 더블탭도 핀치 앤드 스프레드 제스처처럼 확대 및 축소를 실행합니다(안드로이드는 더블탭에 슬라이드slide 제스처를 추가해 약간 다르게 사용합니다. 안드로이드에서 더블탭한 다음, 위아래로 슬라이드하면 확대 정도를 미세하게 조절할 수 있습니

그림 4.2 아이패드의 사진 앱에서 사진 한 장을 핀치하면 사진을 닫고 부모 앨범의 섬네일 뷰로 돌아갑니다. 이 제스처는 상단의 뒤로 가기 버튼을 대신합니다.

다. 아래로 살짝 당기면 확대되고, 위로 밀면 축소됩니다). 더블탭은 확대/축소 이외의 목적으로는 그다지 많이 사용되지 않지만 곳곳에서 실험적으로 쓰이고 있습니다. 예를 들면, 보스턴 글로브 닷컴BostonGlobe.com에서는 머리기사를 더블탭하면 기사를 나중에 읽을 수 있도록 저장할 수 있습니다.

지금까지 소개한 여섯 개의 제스처는 별다른 도움 없이도 사용자가 충분히 이해할 수 있습니다. 믿고 쓸 만한 제스처지만 기존의 마우스 커서 인터랙션을 그대로 터치스크린에 가져온 것이므로 개선의 여지가 많습니다. 이 제스처들은 손동작이 주는 미묘함을 손가락 하나로 압축해서 마우스 커서만큼의 의사 표현을 할 뿐입니다. 이로써 오래되고 문제가 있는 데스크톱 사용 패턴을 더 강화하는 결과를 낳게 됩니다.

버튼의 문제점

버튼은 지금까지 물리적 세상과 디지털 세상에서 무리 없이 제 역할을 해왔지만 터치스크린으로 옮겨오면서 다루기가 까다로워졌습니다. 버튼은 노력을 기울여야 하고, 복잡함을 더하고, 사용자와 콘텐츠 사이에 추상적인 단계를 끼워 넣습니다. 터치는 수십 년에 걸쳐 쌓인 데스크톱에서의 버튼, 메뉴, 폴더, 탭tab과 기타 관리를 위해 사용되던 부스러기를 전부 사라지게 할 수도 있습니다. 제스처로 짜인 새로운 연출은 오래되고 낡은 컨트롤 대신 직접 콘텐츠로 작업할 수 있게 합니다. 아니 그렇게 되어야 합니다.

버튼은 노력이 필요하다

물리적인 인터페이스는 물리적인 노력을 요구합니다. 작은 터치스크린에서는 보통 엄지손가락을 스치기만 해도 되기 때문에 큰 노력이 들지 않습니다. 하지만 화면이 커질수록 노력도 함께 늘어납니다. 큰 화면 전체를 돌아다닌다는 것은 손을 움직이거나 팔을 들어 올려 컨트롤을 작동시켜야 한다는 뜻입니다. "그래, 나도 아는데 손을 화면 전체로 휙 움직이는 게 뭐 그리 힘들다고?"라고 생각할 수도 있습니다. 하지만 이것이 반복될수록, 그리고 시간이 지날수록 피로감fatigue은 누적됩니다. 몇 년 전, 디지털 매거진 대회에서 심사를 맡게 되어 수백 개의 아이패드 앱을 들여다본 적이 있습니다. 농담이 아니라 인체 공학적으로 설계되지 않은 디자인을 몇 시간 동안 사용하고 나니 팔이 너무 아프더군요. 기본적인 내비게이션 사용을 위해 반복적으로 손을 화면으로 뻗는 일조차 힘들었는데, 이 통증을 아이패드 팔꿈치iPad elbow라고 부릅니다.

아이패드 앱의 상단 왼쪽에 있는 뒤로 가기 버튼에 대해 생각해 봅시다. 사용자는 이전 화면으로 이동하거나 앱의 구조를 둘러보는

 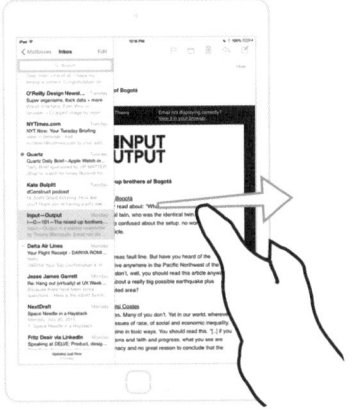

그림 4.3 아이패드 메일 앱의 뒤로 가기 버튼을 누르려면 팔을 약간 뻗어야 합니다(왼쪽). 하지만 스와이프 제스처(오른쪽)를 이용하면 손이 어디에 있던 같은 콘텐츠에 접근할 수 있습니다.

등 다양한 이유로 항상 이 버튼을 눌러야 합니다. 버튼은 엄지 존에 있기는 하지만, 여전히 잠시나마 집중해서 직접 누르는 노력을 기울여야 합니다. 태블릿 화면이 그렇게 드넓어졌음에도 불구하고 이 아주 작고 네모난 픽셀 때문에 끊임없이 관심을 기울여야 합니다.

태블릿처럼 넓은 화면에서는 정확도를 요구하는 탭보다 크고 투박한 코어스 제스처coarse gestures를 우선하는 것이 좋습니다. 웹사이트 둘러보기와 같은 단순하고 기본적인 액션은 사용자가 손을 대충 움직여도 작동되게 하세요. 예를 들어, 아이패드의 메일 앱에서 뒤로 가기 버튼인 인박스Inbox 버튼을 누르면 메일 리스트를 보여줍니다. 하지만 화면 어디에서든 왼쪽에서 오른쪽으로 스와이프하면 이 리스트를 열 수 있습니다(그림 4.3). 화면 전체가 컨트롤인 셈이죠. 이로써 뒤로 가기 버튼을 누르기 위해 먼 여정을 떠나지 않아도 됩니다.

코어스 제스처는 오류를 줄이고 접근성을 향상하는 데 도움이 됩니다. 보잉Boeing의 디자이너들이 저에게 난기류를 통과할 때처럼 파일럿이 제대로 터치할 수 없는 상황에서도 쓸 수 있는 터치 인터페이스에 관해 질문한 적이 있습니다. 저는 신경을 써서 눌러야 하는 버튼 대신 화면을 한 대 때리듯 쓸 수 있는 코어스 제스처(스와이프나 다섯 손가락 모두를 사용하는 핀치 등)를 권했습니다. 노인과 어린이, 혹은 움직임에 제한이 있는 사람을 위한 디자인에도 같은 조언을 하겠습니다. 이처럼, 코어스 제스처는 화면을 보는 데 한계를 가진 이들에게 보지 않고 제어할 수 있는 노룩 컨트롤no-look control을 제공합니다. 자동차나 자전거를 운전하고 있는 사람들처럼 시선을 화면에 고정할 수 없는 사용자도 이에 해당합니다.

큰 제스처big gesture는 반사 반응으로 발전하는 경향이 있습니다. 전통적인 인터페이스는 우리의 시각적 기억visual memory에 의존합니다. 사용자는 버튼이나 글자를 찾아 그 의미를 해석해야 하죠. 터치 인터페이스도 이와 비슷하지만, 근육 기억muscle memory을 함께 사용한다는 점에서 차이가 있습니다. 인터페이스에 대한 잠재의식, 즉 손과 손가락이 무의식적으로 인터페이스에 반응하는 것입니다.

터치스크린에서의 반복되는 액션은 악기 연주나 키보드 타이핑처럼 본능에 자리잡습니다. 그러나 여기에서 중요한 점은 터치스크린은 물리적인 인터페이스가 아니라는 것입니다. 화면의 유리 표면에는 악기의 현이나 키보드의 버튼에서 느껴지는 물리적인 피드백이 없습니다. 시선을 화면에 고정해야만 사용할 수 있는 정밀한 컨트롤은 사용 속도를 느리게 하지만, 큰 제스처는 몸이 빠르게 익힐 뿐 아니라 시각적으로 처리해야 할 부분이 거의 없습니다. 노트북에서 트랙 패드를 쓰는 사용자는 예를 들어 스크롤하는 데 두 손가락 제스처를 의식적으로 쓰지 않습니다. 푸시 버튼push-button 툴을 사용하는 듯한 느낌을 주기보다는 악기를 연주하고 있는 것처럼 느껴지도록 하세요. 폭넓게 표현할 수 있는 액션이 최고의 터치 인터페이스를 만듭니다.

버튼은 복잡함을 더한다

누구나 리모컨, 가전제품, 자동차, 그 외 일상생활에서 사용하는 다양한 디바이스에 빽빽이 들어있는 버튼을 마주하고 당황한 경험이 있을 것입니다. 얼마 전에 가족과 함께 여름 휴가를 다녀왔는데요. 그때 렌트했던 시트로엥Citroën 자동차에서 80개가 넘는 버튼을 발견했습니다. 작동법을 알아내는 데만 10분이 걸렸죠(시트로엥 C4의 핸들에는 13개의 버튼과 4개의 스크롤 휠이 있었습니다. 무려 스크롤 휠이라고요!). 기계가 복잡해짐에 따라 이를 제어할 인터페이스도 덩달아 복잡해진 예로, 우리에게는 꽤 익숙한 디자인 과제가 단적으로 드러난 경우입니다. 바로 더 많은 기능은 더 많은 컨트롤을 요구한다는 것입니다. 여러분이 제대로 주의를 기울이지 않으면 인터페이스 전체에 마치 버섯처럼 버튼이 솟아나기 시작할 것입니다.

콘솔 게임을 보면 한 가지 배울 점을 찾게 됩니다. 첫 번째 콘솔 게임인 아타리Atari는 버튼 한 개의 조이스틱으로 시작했지만, 점점 많은 버튼이 추가되며 정교한 조작을 위한 컨트롤러로 변했습니다. 엑스박스 원Xbox One의 기본 컨트롤러에는 11개의 버튼, 2개의 트리거, 2개의 조이스틱, 그리고 D-패드가 장착되어 있습니다. 2008년에 소개된 1세대 아이폰 게임은 이 버튼 기반의 시스템을 그대로 가져온 탓에 사용하기 아주 불편했습니다(그림 4.4). 온스크린 버튼 onscreen button은 귀중한 공간을 차지했고, 게임플레이를 어렵게 만들었으며, 손가락과 엄지손가락을 한 위치에 고정시켜 버렸습니다. 게다가 온스크린 버튼은 사용하기도 어려웠습니다. 보지 않고도 느낄 수 있는 물리적 버튼과는 달리 가상 버튼virtual button은 유리 위에서 손가락을 움직여야 하므로 안정감이 떨어집니다. 이 버튼은 부작용이 많았습니다.

이러한 문제점들을 극복하기 위해 게임 디자이너들은 새로운 모델이 필요했습니다. 그래서 그들은 버튼을 없애버렸습니다. 게임 디

그림 4.4 다른 많은 게임처럼, 게임 얼스웜 짐Earthworm Jim도 콘솔 형식의 컨트롤을 작은 스크린의 핸드폰으로 옮겨 놓은 탓에 게임 플레이를 간신히 할 정도입니다.

자이너들은 적은 수의 컨트롤을 가지고 기능을 아주 단순하지만 알차게 만들었습니다. 간단하지만 재미있는 앵그리 버드Angry Birds 같은 게임은 한두 개의 제스처로 터치스크린을 제패했습니다. 게임의 성격은 입력의 특성에 맞게 변화했습니다. 제스처 게임이 성공을 거두자 비디오 콘솔 게임에 대항하기 위한 보다 정교한 게임을 개발하기 시작했습니다. 판타지 액션 게임인 인피니티 블레이드Infinity Blade 같이 우리에게 익숙한 핵 앤드 슬래시hack-and-slash 게임[3]을 만들기 위해 제스처를 사용하는 게임도 있습니다. 터치스크린에서의 게임플레이를 목표로 삼고 새로운 시도를 한 게임들도 있습니다. 리퍼블릭

---

3 핵 앤드 슬래시(Hack and slash): 게임을 분류하는 요소의 하나로, 원래는 롤 플레잉 게임 용어로 사용되어 왔다. 한글로 하면 '자르고 베기'라는 뜻이며, 던전에 들어가 몬스터를 끊임없이 잡고 또 잡는 플레이어들을 '핵 앤드 슬래시 스타일'이라고 부르던 것에서 시작됐다.

그림 4.5 리퍼블릭에서 당신은 어딘지 모르는 장소로부터 게임 주인공을 탈출시켜야 합니다. 감시 카메라를 통해 게임 세상을 이해한 후 주인공에게 언제 어디로 가야 하는지 알려줘야 합니다. 대부분의 액션은 사용할 카메라를 선택하는 탭과 탈출하는 캐릭터에게 이동할 위치를 알려주는 탭으로 이루어집니다. 버튼이 아닌 게임 환경 자체가 컨트롤입니다.

République(그림 4.5)이나 모뉴멘트 밸리Monument Valley와 같은 게임은 게임 환경의 내부를 탭하면 게임 속 영웅이 이동합니다. 버튼을 이용해 캐릭터를 조작하는 복잡한 방법 대신 게임 세계와 직접 인터랙션하여 플레이어를 그 안으로 끌어들입니다. 이렇게 관점을 바꾸면 복잡한 컨트롤 없이도 콘솔 게임에서 즐길 수 있는 복잡한 경험을 제공할 수 있습니다.

모든 소프트웨어는 장르에 상관없이 관점을 바꿔서 버튼과 컨트롤을 줄이고 직접적인 인터랙션을 더 많이 사용해야 합니다. 물론 버튼을 터치하는 것도 직접적인 인터랙션이라고 말할 수 있습니다. 하지만 이러한 연결은 우리가 원하는 것이 아니므로 문제인 것이죠. 우리가 원하는 것은 그저 **버튼** 자체와 연결되는 것이 아니라 정보를 다루고자 합니다.

버튼은 핵[4]

핵과 버튼이 모두 나쁘다는 뜻이 아니니 오해하지 마세요. 백 년 도 전에 멀리 있는 사물을 제어하기 위해 전기 스위치와 버튼을 발명했죠. 이 스위치는 우리의 의도(불 켜기)를 그 대상(전구)에게 전달하는 메신저 역할을 하기 위해 디자인되었습니다. 편리하지만 여전히 우리가 영향을 미치고자 하는 물체와는 완전히 단절된 간접적인 인터랙션입니다. 스위치는 여기 있고 전구는 저만치 떨어져 있어서 그 연결 관계가 명확하지 않기 때문에 우리는 그 관계를 발견하고 학습해야 합니다. 처음 가는 호텔 방에서 전등 하나를 켜려면 이것저것 눌러보느라 1~2분은 걸립니다. 그렇긴 해도 깜깜한 방에서 더듬거리며 사다리에 올라가 전구를 끼워 넣는 것보다는 훨씬 낫지만요. 전등 스위치는 훌륭한 핵입니다. 대상과의 인터랙션이 쉽지 않을 때 떨어진 곳에서 작동할 수 있는 컨트롤을 추가하는 것은 현명한 방법입니다.

버튼은 직접 인터랙션할 수 없을 때를 위한 해결책입니다. 이것은 가상의 인터페이스에서도 마찬가지입니다. 손으로 만질 수 없고 쉽게 표현할 수도 없는 디지털 정보와 액션을 다루기 위해 현실 세계에서 익숙한 물건을 모방하여 버튼, 탭tab, 슬라이더를 만들었습니다. 버튼은 여전히 해야 할 몫이 있으며, 그만의 강점도 있습니다. 바로 버튼 위에 적힌 명백한 레이블label과 이를 통해 확실하게 액션을 유도할 수 있다는 점입니다. 필요한 경우에는 버튼을 사용하되 이는 차선책이라는 것을 반드시 기억하세요. 레이아웃에 버튼을 추가할 때마다 "콘텐츠를 더 직접 다루는 방법은 없는가?"라는 질문을 스스로 던지세요.

---

4 핵(Hacks): 주로 컴퓨터공학에서 사용되는 용어로 컴퓨터 작업 시 발생하는 문제를 해결하기 위한 궁여지책이지만 효과적인 솔루션을 일컫는다. 웹에서는 CSS Hack, Browser Hack, IE Hack 등이 있다.

물리적인 오브젝트로서의 정보

모든 디지털 인터페이스는 일루션illusion입니다. 0과 1의 격렬한 움직임이 펼쳐진 얇은 마법 장막 같은 것이죠. 하지만 터치스크린은 처음으로 '일루션은 없다는 일루션'를 만들었습니다. 콘텐츠와 사용자 사이에 아무것도 없는 듯한 느낌을 주는 것이죠. 이 책에서 강조해왔던 물리적인 인터랙션의 중요성도 이 일루션을 만들어 내기 위한 것으로 이제 데이터 자체에도 이 개념을 적용해보겠습니다.

정보를 물리적인 오브젝트라고 상상해봅시다. 인터페이스의 모든 요소에 다음과 같이 질문하세요. "만약에 유리판 아래로 손을 집어넣어서 데이터를 직접 밀고slide, 늘리고stretch, 찔러poke 볼 수 있다면 과연 이 데이터로 무엇을 할 수 있을까?"라고 말이죠. 한 예로 시맨틱 줌을 들 수 있습니다. 시맨틱 줌은 정보 구조를 손으로 만져 확대/축소할 수 있도록 정보에 물성physicality을 부여한 경우입니다. 이제 기간을 선택하는 방법에 대해 생각해봅시다. 일반적인 디자인은 두 개의 캘린더 형태의 날짜 선택기를 사용하겠죠. 이 솔루션은 종이 캘린더라는 물리적인 메타포를 차용한 것입니다. 하지만 이런 방식은 데이터에 물리적인 속성과 직접적인 인터랙션을 부여하지 않습니다. 그 대신에 기간 그 자체를 질량과 탄성을 가진 오브젝트라고 상상해보세요. 날짜의 끝을 당기고 줄여서 당신이 원하는 크기의 기간을 만들 수 있습니다(그림 4.6).

컨트롤 겸 콘텐츠

이런 상상은 사용자와 콘텐츠 사이에 있는 가능한 많은 인터페이스를 제거하는 데 큰 도움이 됩니다. 모든 UI는 사회적인 규범이며 사람들이 이 규범을 각기 다른 방식으로 이해하면 문제가 생깁니다. 디자이너 돈 노먼Don Norman은 그의 저서 《복잡함을 가진 삶Living with Complexity》에서 유명한 소금통과 후추통 사례를 소개합니다. 구멍

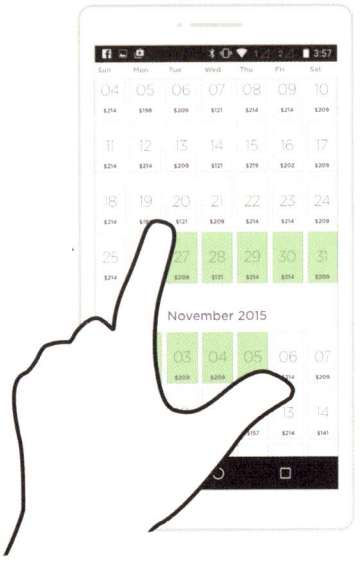

그림 4.6 기간을 고무줄이라고 상상해보세요. 그러면 양 끝을 늘리고 줄여서 원하는 크기로 만들 수 있습니다.

이 하나인 통을 두고 이게 소금용이니 후추용이니 사람들이 여기 저기서 단호하게 자신의 의견을 내는 상황을 언급했죠. 노먼은 어느 것이 '정답'인지는 중요하지 않다고 지적합니다. 중요한 것은 그 것을 채우는 사람이 어느 쪽을 믿는가 하는 것입니다. 모두가 시스템을 같은 방식으로 이해한다면 좋겠지만 실상은 그렇지 않습니다.[5] 설사 소금은 구멍이 하나인 통에 있어야 한다고 확신할지라도 다른

---

[5] 이 부분을 이해하기 위해서 '실재의 사회적 구성(social construction of reality)'에 관해 언급한다. 실재의 사회적 구성이란 피터 버거(Peter Berger)와 토마스 루크만(Tomas Luckman)이 주장한 지식사회학의 기본적인 원리다. 이 원리에 따르면, 현실은 객관적 현실, 주관적 현실, 상징적 현실로 나뉜다. 객관적 현실은 있는 그대로의 현실, 즉 실재(reality)다. 주관적 현실은 말 그대로 내가 보는 현실이며, 상징적 현실은 말/글 혹은 영상/소리와 같은 상징으로 표현된 현실을 의미한다. 주관적 현실과 상징적 현실은 역사, 문화, 언어 등 사회적 요소에 의해 재구성된다. 결론적으로 우리가 믿는 현실이란 객관적 현실을 사회적 요소에 의해 재구성한 것이다. 따라서 모든 사람이 같은 객관적 실재를 인식하지 않는다는 것이다. 더욱 자세한 내용은 도서《실재의 사회적 구성》이 출간되어 있으니 참고하기 바란다.

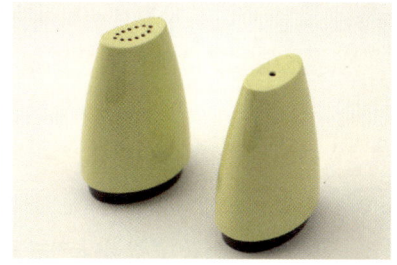

그림 4.7 어느 쪽이 알아보기 쉬운지 알아맞혀 보세요. (사진 출처 – 왼쪽: 조 킹Joe King, http://bkaprt.com/dft/04-01/, 오른쪽: 블랙 컨트리 박물관Black Country Museums, http://bkaprt.com/dft/04-02/)

사람들도 같은 의견일지는 알 수 없습니다. 저는 식당에 가면 손에 먼저 뿌려봅니다. 아직도 그 시스템에 대한 확신이 서지 않네요. 디자이너는 이 통을 채우는 사람입니다. 사용자에게 확신을 심어 주는 것이 우리의 일이죠. 이를 위해서 한 걸음 물러나서 '소금'과 '후추'라고 명백하게 알려주는 레이블을 붙여야 할 때도 종종 있습니다. 하지만 그 역시 통을 살펴봐야 하는 시각적인 정보 처리와 문자 해독 능력이 필요합니다. 그렇다면 더 나은 해결책은 무엇일까요? 바로 유리병을 사용하는 것입니다. 안에 든 소금과 후추를 직접 볼 수 있고 레이블을 찾아서 읽어야 할 필요도 없으니 필요한 대로 가져다 쓰기만 하면 됩니다(그림 4.7).

이런 맥락에서 볼 때 터치스크린의 사진 갤러리는 거의 완벽한 예입니다. 이 조밀한 인터페이스에는 컨트롤이 거의 없습니다. 모든 것이 콘텐츠입니다. 탭으로 사진을 크게 만들고, 스와이프로 다음 사진으로 넘어갑니다. 인터랙션이 콘텐츠와 완전히 묶여 있어서 정보 자체가 인터페이스가 됩니다. 마샬 맥루한Marshall McLuhan은 "미디어는 곧 메시지다The medium is the message"라는 유명한 말을 남겼습니다. 정보와 직접적인 인터랙션을 하고 있다는 일루션을 만들어 낼 때야

제스처 **149**

말로, 메시지 자체가 미디어가 된다고 말할 수 있습니다.

그렇다면 이차원적인 유리판 아래의 메시지를 누를 때 인터랙션은 어떤 모습일까요? 물리적인 세계에서 평평한 콘텐츠 조각을 일컫는 단어가 있습니다. 우리는 그것을 카드card라고 부릅니다. 바로 이것이 모든 주요 터치 운영체제가 직접적인 인터랙션 콘텐츠direct-interaction content를 표현하기 위한 핵심 메타포로 카드(또는 타일이나 패널)를 사용하는 이유입니다.

카드 메타포의 힘

카드는 개별적 데이터 오브젝트를 나타내는 데 널리 사용되고 있습니다. 페이스북의 사진, 트립잇TripIt의 항공편, 주소록, 쿠폰, 옐프Yelp 후기, 구글 나우Google Now의 알림, 게임 레벨 등, 그 예는 아주 다양합니다(그림 4.8). 불과 얼마 전까지만 해도 우리는 이메일 URL이나 문자를 통해 이런 정보 덩어리를 공유해왔습니다. 이제 데이터 카드는 작고 이식 가능한 포맷이 되었습니다. 큰 화면의 반응형 웹사이트에서는 연동 모듈로, 작은 화면 앱에서는 메인 이벤트로써 깔끔하게 작동합니다. 게다가 카드는 재미있습니다. 데이터가 마치 트레이딩 카드나 명함, 종이 쿠폰처럼 보이면 자연스럽게 실물 카드를 떠올리며 같은 방식으로 나누고 교환하고 싶어집니다.

카드는 또한 많은 물리적인 인터랙션을 가능하게 합니다. 가장 기본적이고 익숙한 것은 바로 뒤집기입니다. 핸드폰의 화면은 마치 한 팩의 카드처럼 쌓여 있습니다. 브라우저 방문 기록을 통해 앞뒤로 스와이프하고, 매주 카나스타Canasta 게임에서 카드를 다루듯 엄지손가락으로 플리크flick[6]합니다. 이는 모두 손쉽고 멋진 코어스 제스처입니다.

---

6 플리크(flick): 핵심 터치 제스처 중 하나로, 손가락 끝으로 표면을 재빠르게 스치는 동작.

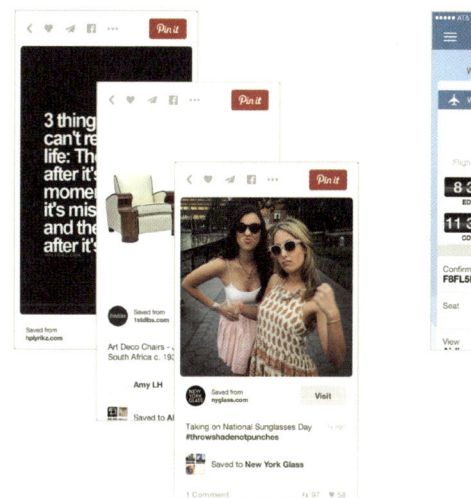

그림 4.8 핀터레스트Pinterest의 핀(왼쪽), 트립잇TripIt(오른쪽), 구글 나우Google Now와 트위터 카드Twitter cards 등 다양한 서비스는 카드를 아주 작은 멀티미디어 캔버스로 삼아 앱, 웹 페이지, 소셜 스트림, 알림 창 등에 사용합니다.

'페이지'를 '카드'로 바꾸면 웹에서 오랫동안 사용되던 메타포를 얻을 수 있습니다. 그러나 터치스크린 브라우저조차도 첫 번째 세대에는 페이지를 넘기기 위해 버튼을 눌러야만 했습니다. 메타포를 혼동한 것이었죠. 버튼을 눌러 종이로 된 페이지를 넘겨본 사람은 없겠죠? 이제 대부분의 터치스크린 브라우저는 제대로 메타포에 맞게 페이지 기록을 스와이프할 수 있습니다. 웹을 설명하기 위해 페이지라는 물리적 메타포를 사용한 지 몇십 년이 지난 후에야 드디어 이 메타포에 걸맞은 물리적 인터랙션을 제공할 수 있게 되었습니다.

메타포와 사용 방식을 조화롭게 조정하는 이 작업은 터치스크린 인터랙션 디자인에 있어 아주 중요한 것입니다. 인터페이스의 명사noun에 명확하게 일치하는 동사verb를 선택하세요. 카드라는 명사

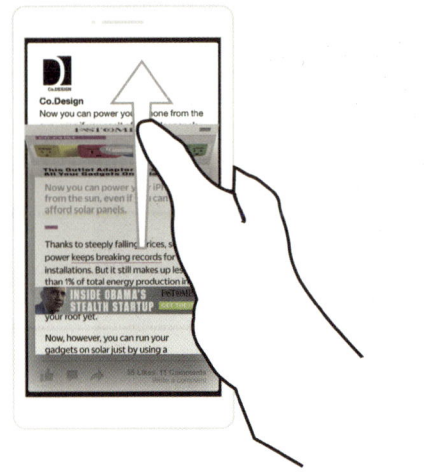

그림 4.9 페이스북의 페이퍼는 정보를 물리적 카드처럼 다룹니다. 모든 물리적 액션은 그에 대응하는 데이터 액션을 지닙니다. 접혀 있는 웹의 머리기사가 담긴 표지 카드를 펼치면 상호작용할 수 있는 내부가 드러납니다.

에게 맞는 동사인 뒤집기, 접기, 섞기, 쌓기, 순서 바꾸기, 늘이기, 정렬하기, 구기기, 코너 접기, 옆으로 던지기 등 현실에서 카드로 할 수 있는 모든 것을 고려하세요. 이 모든 물리적인 액션은 인터페이스 메타포interface metaphors를 위한 발판이 될 수 있습니다. 그렇다면 데이터 오브젝트를 뒤집고, 늘이고, 구기는 것은 무엇을 의미할까요?

　페이스북은 이 카드와 같은 물성에 맞춰진 페이퍼Paper라는 앱을 만들었습니다. 페이퍼는 페이스북 타임라인을 탐색할 수 있는 독창적이면서도 터치에 적합한 방법을 사용하고 있습니다. 여기에서는 모든 것이 카드로 표현되며 앱을 구성하는 피드feed는 쌓여 있는 카드처럼 보입니다. 이 카드를 정렬하고, 섞고, 또는 버려서 새로운 컬렉션을 만들 수 있습니다. 웹 기사가 담긴 카드를 위로 스와이프하면 신문처럼 펼쳐 읽을 수 있습니다(그림 4.9).

　페이스북 페이퍼에서 사용된 제스처는 발견하고 나면 자연스러운 체계가 보이지만, 새로운 사용자 모두가 명확하게 파악할 수 있는 것은 아닙니다. 사용자가 새로운 제스처를 발견하고 배우고, 적응하도록 돕는 일은 중요합니다. 이에 대해서는 다음 장에서 살펴보도록 하죠. 실제 물리적 세상에서 사용되는 간단한 인터랙션을 기초로 한 제스처라면 많은 도움이 필요하지 않을 수도 있습니다. 하지만 기본을 넘어서는 인터랙션을 디자인하기로 했으니, 가까이에서 영감을 찾는 일부터 시작해봅시다.

현실 세계가 가이드

세상을 이해하기 위해 우리는 물리적인 법칙과 인간이 만든 관습이 합쳐진 것을 기반으로 판단합니다. 중력은 정말 믿을 수 있는 것으로 증명되었으며, 소금통과 후추통 논란에도 불구하고 다양한 우리만의 사회적 구성 social constructions 또한 갖게 되었습니다.[7]

나사는 시계 방향으로 돌리고, 서양식 책은 왼쪽에서 오른쪽으로 읽습니다. 체크 표시는 완료된 업무를 나타내고, 빨간색은 멈춤을 의미합니다. 이러한 것들이 물리적 세상을 살아가는 동안 우리의 기대치를 설정하고 행동을 형성합니다. 이러한 기대치와 행동을 터치스크린 인터페이스에 적용하면 사용자에게 익숙하고도 예측 가능한 경험을 제공할 수 있습니다. 이를 위한 몇 가지 전략을 알아봅시다.

---

[7] 앞서 언급한 '실재의 사회적 구성'을 다시 떠올리자. 여기서 말하는 것은 '실재의 사회적 구성' 원리의 관점으로 과학을 바라본 '과학의 사회적 구성'을 말하고 있다. 과학 역시 사회적 맥락에서 절대 독립되지 않으며, 과학 이론은 사회적 타협의 산물이라는 말도 이 개념에서 나온 말이다. 중력 역시 지금은 당연하다 생각되지만 사실 눈에 보이지도 않고 처음 발표되었을 때는 엄청난 비난을 샀다.

그림 4.10 실행을 취소하고 싶나요? 페이퍼 앱에서는 크랭크를 돌리듯 액션을 되돌릴 수 있습니다.

일대일 상호작용을 차용하자

    가장 간단명료한 방법은 우리가 현실 세계에서 사물과 상호작용 하는 방법 그대로 화면에서 상호작용하는 것입니다. 터치스크린을 종이로 대체한 듯한 일루션을 불러일으키는 스케치패드sketchpad가 그 간단한 예입니다(이런 종류의 디바이스를 패드와 태블릿이라고 부르는 데는 그만한 이유가 있습니다). 아이패드용 드로잉 앱인 페이퍼Paper(페이스북의 페이퍼와 혼동하지 마세요)는 종이에 쓴 듯한 잉크를 표현하는 혁신적인 기술을 선보였습니다. 연필, 펜, 펜촉 중 하나를 골라 서 스타일러스stylus나 손가락으로 그림을 그립니다. 이 앱의 주요 제스처 인터랙션은 자유롭게 마음대로 그림을 그리는 것으로, 현실 세계에서의 액션 그대로 태블릿에서도 그림을 그릴 수 있습니다. 아주 간단하죠.

때로는 친숙한 물리적 인터랙션을 그대로 복사하는 것이 아니라 부분적으로 가져오기도 합니다. 손잡이나 다이얼이 어떻게 작동하는지 알고 계시죠? 시계 방향으로 돌리는 것은 다음이나 추가를 의미하고, 시계 반대 방향으로 돌리는 것은 되돌리기나 삭감을 의미합니다. 이런 크랭크crank 모션을 사용하기 위해서 인터페이스에 손잡이를 추가할 필요는 없습니다. 영감만 받아와서 같은 액션을 제스처로 대신하세요. 페이퍼 앱은 이를 잘 적용한 예입니다. 화면 어느 곳이든 시계 반대 방향으로 두 손가락을 움직이면 실행이 취소되면서 시간을 뒤로 돌리듯 선 몇 개를 지웁니다. 마음이 바뀌었다고요? 시계 방향으로 손가락을 움직여 사라진 선을 복구할 수 있습니다(그림 4.10). 현실 세계로부터 차용할 경우, 가져와야 하는 것은 물리적인 액션 그 자체이지 사용된 사물이 아님을 기억하세요. 중요한 것은 돌리는 액션이지 손잡이가 아닙니다.

확립된 기호나 표기법을 활용하자

물리적인 크랭크 모션을 화면 제스처로 옮겨올 때 이를 표기법notation, 즉 의미 있는 속기shorthand로 변환해서 가져옵니다. 이런 기호는 사람의 발명품으로 시계 방향과 시계 반대 방향의 움직임 자체는 본래 아무 의미도 지니지 않습니다. 그러나 다시 말하지만 모든 사용자 인터페이스는 사회적 구성입니다. 잘 알려진 규약에서 빌려오면 인터페이스에 금방 친숙해지며 직관적으로 느껴집니다.

때로는 표기법 시스템 전체를 통째로 가져다 쓸 수도 있습니다. 예를 들어 교정용 특수 기호는 복잡한 개념을 간결하게 표현하고 있으며, 편집자들 사이에서는 보편적으로 사용되고 있습니다(그림 4.11). 편집자를 대상으로 한 앱이라면 삭제, 이동 또는 문단 삽입을 하기 위해 표기법을 속기 제스처에 적용해볼 수 있습니다.

Proofreaders' Marks

OPERATIONAL SIGNS

- ⤴ Delete
- ◡ Close up; delete space
- ⤴◡ Delete and close up (use only when deleting letters *within* a word)
- (stet) Let it stand
- # Insert space
- (eq #) Make space between words equal; make space between lines equal
- (hr #) Insert hair space
- (ls) Letterspace
- ¶ Begin new paragraph
- □ Indent type one em from left or right
-] Move right
- [Move left
-][Center
- ⊓ Move up
- ⊔ Move down
- (fl) Flush left
- (fr) Flush right
- ═ Straighten type; align horizontally
- ‖ Align vertically
- (tr) Transpose
- (sp) Spell out

TYPOGRAPHICAL SIGNS

- (ital) Set in italic type
- (rom) Set in roman type
- (bf) Set in boldface type
- (lc) Set in lowercase
- (caps) Set in capital letters
- (sc) Set in small capitals
- (wf) Wrong font; set in correct type
- ✗ Check type image; remove blemish
- ∨ Insert here *or* make superscript
- ∧ Insert here *or* make subscript

PUNCTUATION MARKS

- ↷ Insert comma
- ⸲ ⸳ Insert apostrophe *or* single quotation mark
- ⸲⸲ ⸳⸳ Insert quotation marks
- ⊙ Insert period
- (set) ? Insert question mark
- ;| Insert semicolon
- ⁁ or :| Insert colon
- ═ Insert hyphen
- M̲ Insert em dash
- N̲ Insert en dash
- {|} or (|) Insert parentheses

그림 4.11 시카고 매뉴얼 오브 스타일 The Chicago Manual of Style의 교정 기호 모음 (http://bkaprt.com/dft/04-03/)

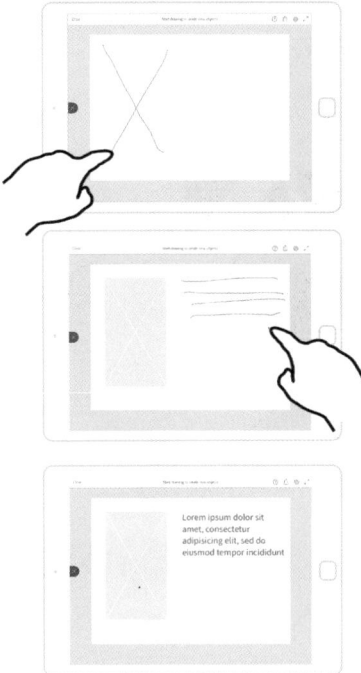

그림 4.12 어도비 콤프는 실제 와이어프레임을 그리는 표기법을 빌려왔습니다. X를 그리면 이미지가, 선을 몇 개 쌓아서 그으면 텍스트가 추가됩니다.

어도비 콤프Adobe Comp는 아이패드용 와이어프레임 제작 앱입니다. 터치로 사용하기 편한 이 인터페이스는 흔히 쓰이는 와이어프레임 기호를 잘 활용하고 있습니다(그림 4.12). 크게 X자를 그리면 그곳에 이미지가 추가되고, 구불구불한 선을 쌓아 그리면 문단으로 바뀝니다. 지워야 하는 요소는 문질러서 밖으로 빼면 됩니다. 이 앱은 기호를 와이어프레임의 구성 요소component로 변환합니다. 그리고 작업이 끝나면 인디자인InDesign, 일러스트레이터Illustrator, 포토샵Photoshop으로 내보내기export 할 수 있습니다. 캐주얼한 화이트보드 스타일의 입력을 제대로 된 정식 와이어프레임으로 변환합니다. 이 방법이 데스크톱에서 마이크로소프트의 비지오Visio나 옴니그라플Omnigraffle를

제스처 **157**

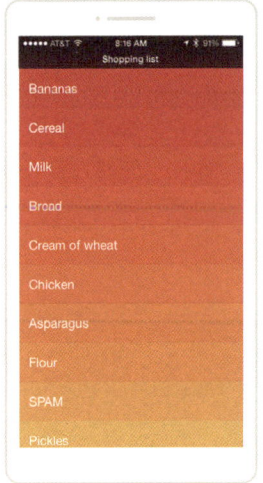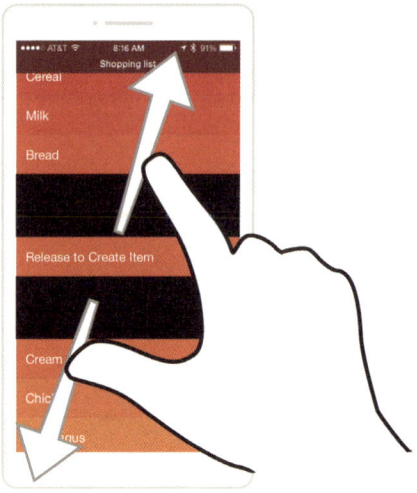

그림 4.13 클리어의 제스처로만 작동하는 인터페이스는 간단한 물성을 활용합니다. 기존의 두 아이템 사이를 스프레드해서 공간을 만들어 새로운 아이템을 추가합니다.

사용하여 만든 와이어프레임보다 더 효율적이라고는 할 수 없지만 터치스크린에서 할 수 있는 가장 빠른 방법입니다. 그림을 그리는 듯한 유동적인 제스처는 컨트롤 패널을 통해 끝도 없이 탭해야 하는 데스크톱 스타일보다 훨씬 빠르게 레이아웃을 제작할 수 있게 합니다.

디지털 오브젝트에 물리학을 적용하자

어도비 콤프는 우리에게 익숙한 종이라는 인터페이스에서의 작업 방식을 그대로 빌려오지만 굳이 있는 그대로 적용할 필요는 없습니다. 디지털 오브젝트에 질량이라는 물리적 개념을 도입해서 실제 물리학을 적용할 수 있습니다. 예를 들어, 벌려서 확대하는 핀치-투-줌pinch-to-zoom 제스처는 사진이나 지도에 신축성을 입힐 수 있습니다. 스크롤해서 콘텐츠의 끝에 다다랐을 때 스크린을 살짝 공처럼 튀어 오르게 하면 형체가 없는 데이터에 밀도를 부여할 수 있습니다. 아이폰 앱 클리어Clear는 투두리스트to-do-list의 아이템을 물리적인 쌓기 블록처럼 다룹니다. 사용자는 이 블록을 꽉 누르거나 밀거나 살짝 빼놓을 수 있으며, 이 액션들은 데이터를 표현하는 시맨틱 semantic 의미를 지니고 있습니다(그림 4.13).

- 기존의 두 아이템 사이를 스프레드해서 공간을 만들면 새 아이템이 추가됩니다.
- 아이템을 옆으로 스와이프하면 해당 아이템이 완료 상태로 변경됩니다.
- 리스트를 핀치하면 리스트가 닫힙니다.

이는 심플한 물리적 액션을 적용한 심플한 제스처입니다. 실제로 책상 위에 물건이 늘어져 있을 때 사람들이 어떻게 정리하는지를 생각하면 리스트 아이템을 정리하는 방법을 자연스럽게 매핑할 수 있습니다. 가상의 요소가 우리에게 익숙한 물리적 움직임을 보이면 사람의 뇌는 자연스럽게 그에 맞는 상호작용으로 반응합니다.

물리적 한계를 인정하자

만약 현실에서 할 수 있는 일이 제스처 인터랙션에 영감을 준다면 할 수 없는 일 역시 해서는 안 됩니다. 터치업TouchUp은 사진에 필터나 효과를 입히는 아이패드 앱입니다. 가장 간단한 예로 손가락을 브러시 삼아 사진에 색상을 입힐 수 있습니다. 만약 브러시의 크기를 변경하고 싶다면 어떻게 해야 할까요? 방법은 쉽습니다. 데스크톱 앱은 항상 이런 상황에서 슬라이더나 브러시 팔레트를 통해 해결합니다. 하지만 문제는 사용자가 이미 브러시 대신 손가락을 쓰고 있고, 화면에 닿는 손가락 크기는 변하지 않는다는 점입니다. 브러시의 크기를 화면에 닿는 손가락 면적보다 작게 혹은 크게 바꾸면 불확실성만 커질 뿐이죠. 사용자는 본인이 남길 손가락 자국의 크기, 즉 브러시 크기를 모른 채 작업해야 합니다. 직접적인 인터랙션이 모호한 추측으로 바뀌어 버린 거죠.

그래서 터치업은 사용자에게 브러시 크기를 변경할 수 없게 만들었습니다. 그 대신 캔버스 크기를 두 손가락으로 줄이고 늘일 수 있도록 했습니다. 이로써 손가락 브러시의 크기는 항상 같지만, 사진을 크게 확대해서 작업할 수 있게 되어 결과적으로는 아주 가는 선도 그릴 수 있게 됩니다.

실제 사용하는 것을 보면 간단하고 뻔해 보이지만 이것은 데스크톱의 전통적인 접근법을 뒤집는 방식입니다. 터치에서 물성을 다룰 때는 머릿속에 쉽게 떠오르는 해결책을 다시 한번 생각해야 합니다. 스스로 이렇게 질문해보세요. "기존에 사용해오던 방식이 아직 유효한가?" 아니면 "직접적인 인터랙션을 위한 새로운 접근법이 필요한가?"라고 말이죠.

현실 세계를 가이드로 삼으면 쉽게 이해할 수 있는 인터페이스를 만들 수 있습니다. 하지만 일부 액션은 심플한 물리적 액션으로 간단하게 전환하기에는 많은 의미나 복잡한 특징들을 담고 있죠. 이런 액션에는 다소 추상적인 제스처가 필요할 수 있습니다. 이와 같은 고급 사용법인 파워 무브[8]는 전통적인 컴퓨팅과 유사한 점이 있습니다.

---

8 파워 무브(power move): 원래는 브레이크댄스(break dance)에 사용되는 용어다. 강한 근력과 세미한 기술을 요구하는 동작으로, 스타일무브(style move) 사이에 이어지는 회전기를 뜻한다. 윈드밀(windmill), 헤드스핀(head spin), 토머스(thomas) 같은 크고 거친 동작들이 여기에 해당한다. 여기에서는 **빠르고 큰 액션**을 뜻한다. (출처: 댄스스포츠 사전)

터치용 바로가기로서의 제스처

제대로 레이블label된 기존 컨트롤과 결합된 찾기 쉬운 제스처가 인터페이스의 토대를 구성해야 합니다. 애플리케이션의 기본적인 액션은 늘 쉽게 파악할 수 있도록 만들어야 합니다. 하지만 표준 컨트롤과 함께 대안으로 추상적인 바로가기 제스처를 두는 것을 망설이지 마세요. 데스크톱에서의 단축키keyboard shortcuts와 비슷한 역할을 합니다.

예를 들어 앞서 언급했던 아이패드의 메일 앱은 뒤로 가기 버튼을 코스 스와이프 제스처로 보완합니다. 또한, 3장에서 본 비메오는 리스트 뷰에서 비디오를 오른쪽이나 왼쪽으로 스와이프하여 공유나 즐겨찾기에 추가할 수 있습니다. 이는 사용자가 비디오의 상세 페이지로 이동해야 할 수고를 덜어줍니다. 두 경우 모두 정석인 '느린 방법'을 사용할 수도 있지만, 제스처는 파워 무브의 달인이라 할 수 있습니다.

이러한 빠른 바로가기는 스와이프와 탭에만 국한되지 않습니다. 더 많은 손가락을 사용하면 가능성이 더 커집니다. 보낸 편지함과 받은 편지함을 전환하는 토글로 다섯 손가락 터치를 사용할 수도 있습니다. 신문 앱에서 두 손가락 스와이프를 통해 다음 페이지가 아닌 다음 섹션으로 건너뛸 수도 있습니다. 멀티핑거multifinger 제스처가 약속하는 미래에는 복잡한 액션을 추상적인 제스처가 도와 인터랙션 언어가 더욱 풍부해질 것입니다.

멀티핑거 제스처의 가능성

아이패드 앱인 우즈Uzu는 '운동 입자kinetic particle 시각화 도구'입니다. 하지만 첫인상은 어쩌면 상호작용이 가능한 최면술을 거는 장난감 같은 라바 램프로 보일지도 모르겠습니다. 손가락 하나로 화

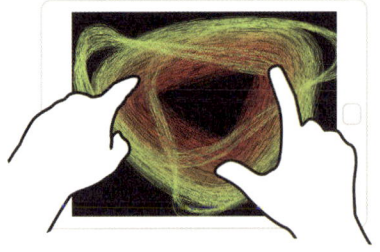

그림 4.14 우즈에서는 터치하는 손가락의 개수에 따라 각각 다른 애니메이션과 액션이 일어납니다.

면을 터치하면 불꽃놀이 같은 스파크가 일어납니다(그림 4.14). 손가락을 하나 더 보태면 불꽃이 두 터치 사이를 휘돌고, 또 하나 보태면 각 지점을 돌며 소용돌이를 만듭니다. 화면에 열 손가락을 모두 대고 아래위나 좌우로 스와이프하면 색상과 입자의 크기를 변경합니다. 작동에 익숙해지면 손가락이 화면 위를 날아다니며 춤을 추는데 이는 마치 총천연색의 건반을 연주하는 듯하죠. 이쯤 되면 도구라기보다는 악기라 할 수 있죠.

언뜻 보기에는 이것이 여러분이 구축해야 하는 사내용 재무 관리 앱과 별 관련성이 없어 보일 수도 있습니다. 하지만 모든 종류의 터치 인터페이스는 우즈에서 배워야 할 점이 있습니다. 특히나 이 멀티핑거 방식은 알트Alt, 커맨드Command 혹은 F1, F2 등과 같은 기능키function key의 역할을 떠올리게 합니다. 열 개의 손가락은 열 가지 모드나 액션을 실행할 수 있게 합니다. 즉, 손가락 자체가 기능키가 되는 것이죠. 타이핑을 전문으로 하는 타이피스트typists가 단어 사이를 날아다니는 듯, 혹은 고급 사용자가 빠르게 업무를 처리하기 위해 키보드 단축키를 사용하듯, 멀티 터치 제스처도 우리가 터치 인터페이스를 아주 쉽게 돌아다니도록 도와줍니다. 여전히 추상적이긴 하지만, 이런 제스처는 고급 사용자가 필요한 것을 더 빨리 완수할 수 있게 합니다.

멀티핑거 제스처가 이런 강력한 가능성을 지녔는데도 왜 우리는 이것을 널리 사용하지 않았을까요? 핸드폰이 멀티 터치를 지원하기 시작한 지 몇 년이 지났지만 실제로 멀티핑거 제스처를 적용하기에는 아직 적절하지 않습니다. 화면이 작은데다 한 손으로 들고 사용하기 때문에 한 손가락으로만 탭하는 것이 훨씬 편하죠. 화면이 커지면 적용할 가능성도 커집니다. 태블릿의 크기와 무게 때문에 사용자는 디바이스를 양손으로 들거나 다리 위에 올려놓고 사용합니다. 이로써 쉽게 멀티 터치할 수 있는 넉넉한 크기의 화면과 자유롭게 쓸 수 있는 손 하나가 확보됩니다. 하이브리드와 노트북도 마찬가지입니다.

하지만 넘어야 할 산이 아직 많습니다. 가장 큰 장애물은 접근성accessibility입니다. 모든 사람이 팔과 손을 자유롭게 움직일 수 있는 것은 아닐 뿐더러, 열 손가락 모두 사용할 수 있어야 하는 것도 문제가 됩니다. 다섯 손가락으로 화면을 만지는 것이 불가능한 장애도 있으니까요. 발견 가능성은 또 다른 걸림돌입니다. 세 손가락 스와이프나 다섯 손가락으로 처리하는 액션이 있다는 것을 어떻게 알 수 있을까요? 제스처를 드러내는 전략에 대해 5장에서 살펴보겠지만, 이러한 추상적인 멀티 터치 제스처는 버튼 같은 기존의 인터랙션을 보완하기 위한 방책으로 생각하는 것이 좋습니다. 간단한 탭과 스와이프로 사용자가 원하는 어떤 액션도 완수할 수 있어야 합니다. 시간이 더 걸리겠죠.

제스처 체증 정리

인터페이스에 기존의 컨트롤을 대체 혹은 보완하기 위한 제스처를 추가하면 추가할수록 인터페이스가 붐비기 시작합니다. 첫째로, 운영체제와 브라우저가 주요 제스처를 차지할 경우 앱이나 웹사이트는 남은 제스처 중에서 쓸 만한 것을 찾아야 합니다. 둘째로, 제스처에도 공간이 필요하므로 화면을 차지하기 위해 서로 경쟁합니다. 코어스 제스처의 경우는 더 하죠.

시스템과 브라우저 제스처에게 양보하자

디자이너는 브라우저 및 운영체제와 주요 제스처를 두고 달리기 경주를 해야 합니다. 만약 시스템이 먼저 도착하면 우리에게는 선택권이 없죠. 1장에서 다뤘던 안드로이드의 시스템 버튼을 기억하시죠? 운영체제가 하단 영역에 우선권을 갖기 때문에 앱 디자이너는 컨트롤을 화면 상단으로 옮겨야 했습니다. 시스템 제스처도 마찬가지입니다. 제스처의 충돌을 방지하기 위해 앱 디자이너는 운영체제의 선택을 피해서 작업해야 합니다.

예를 들어, 아이패드용 운영체제 iOS는 코어스 제스처를 통해 앱 사이를 돌아다닐 수 있도록 합니다. 네다섯 개의 손가락으로 오른쪽이나 왼쪽으로 스와이프하면 최근 사용한 앱 간의 전환이 이루어집니다. 또 네다섯 개 손가락으로 핀치하면 사용 중인 앱을 닫고 홈 화면으로 이동합니다. 사용자는 앱 사이를 이동하기 위해 화면 전체를 그저 손가락으로 때리면 됩니다. 이런 종류의 코어스 제스처는 태블릿 OS가 당연히 탑재해야 합니다. 저는 이러한 제스처에 담긴 생각에는 적극적으로 찬성하지만, 실행 방식은 좋아하지 않습니다. 윈도우나 지금은 사라진 심비안 Symbian, 블랙베리 BlackBerry의 플레이북 PlayBook, 팜 Palm의 웹 OS WebOS 와 같은 터치 플랫폼이 사용했던 인터랙션을 애플이 따랐더라면 더 좋았을 것입니다. 이 플랫폼들은 에지 제스처$^{edge\ gesture}$를 사용했습니다. 이 기술은 디바이스 사용에 일관성을 부여하고 각각의 앱에 많은 기회를 양보합니다. 에지 제스처는 디바이스의 프레임이나 베즐에서 시작해서 캔버스 안으로 스와이프합니다. 앱을 전환할 때 사용하면 화면을 한쪽 코너에 밀어 넣음으로써 화면을 한쪽으로 치는 듯한 착각을 일으킵니다.

에지 제스처는 물리적인 액션을 OS의 개념적인 메타포와 일치시킵니다. 앱을 디바이스의 전면 중앙에 있는 캔버스라고 생각하면 OS는 해당 캔버스를 지원하는 프레임인 셈입니다. OS 레벨의 제스처가 베즐에서 시작되면 이 제스처가 현재 사용 중인 앱 외부에서 작동한다는 것이고 액션은 예상과 맞아 떨어집니다. 물리적으로나 메타포로나 어느 쪽을 봐도 프레임에 해당하는 운영체제에서 작업하고 있는 것입니다.

이와는 대조적으로, 아이패드의 앱 전환 액션은 실행 중인 앱 전용 영역인 캔버스 내부에서 이루어집니다. 이로 인해 앱의 인터랙션과 경쟁이 심해집니다. 이 제스처는 앱 레벨에서 적용되는 걸까요, 아니면 OS 레벨일까요? 애플은 OS 레벨의 제스처를 에지에 고정함으로써 이런 애매한 상황을 피할 수 있었습니다. 하지만 이를 캔버스 내부에 넣음으로써 애플은 디자이너의 선택지에서 쓸만한 제스처들을 싹쓸이했습니다.

브라우저도 역시 유용한 제스처를 많이 선점하고 있습니다. 핀치, 더블탭, 스와이프, 롱 프레스 등 주요 제스처는 이미 브라우저에서 특정 의미가 있기 때문에 웹 디자이너는 이를 선택지에서 뺄 수밖에 없습니다. 그렇다고 디자이너가 이 제스처를 아예 쓸 수 없는 것은 아닙니다. 터치 이벤트를 캡처해서 원하는 동작으로 오버라이드하면 됩니다. 예를 들어, 롱 프레스 제스처로 컨텍스트 메뉴를 보여주는 대신 사이트에 필요한 커스텀 동작$^{cusotm\ behavior}$을 실행할 수도 있습니다. 하지만 대부분의 경우 브라우저의 기능을 깨뜨리는 것은 결코 좋은 생각이 아닙니다. 우리는 여전히 제스처 인터랙션을 확산시키고 그 표준을 확립해야 하는 상황에 놓여있습니다. 그런데 브라우저의 제스처가 웹사이트마다 제각각으로 작동한다면 사용자는 제스처 사용에 확신을 가질 수 없게 됩니다. 그러니 브라우저에게 제스처 우선권을 양보하고 남아 있는 것 안에서 활용하도록 합시다.

제스처에도 여유 공간을 주자

제스처의 밀도를 조절한다는 것은 브라우저 혹은 운영체제의 제스처와 겹치지 않도록 하는 것 이상의 의미를 가집니다. 디자이너는 제스처가 물리적으로 차지하는 공간은 물론 이들이 겹치거나 충돌하는 경우도 고려해야 합니다. 제스처가 많아질수록 사용 오류도 증가합니다. 웹 페이지에서 스와이프 제스처로 앞뒤의 사진을 둘러볼 수 있는 갤러리가 있다고 가정해봅시다. 이 스와이프는 작은 스크린에서 브라우저의 에지 제스처와 엉키기 쉽습니다. 예를 들어 모바일 사파리는 화면 에지에서 좌우로 스와이프하는 에지 스와이핑 edge-swiping 제스처를 브라우저 히스토리를 둘러보는 것으로 선점하고 있습니다. 사진을 둘러보다가 실수로 크게 스와이프할 경우 다른 페이지로 이동해 버림으로써 사용자 경험을 완전히 단절시켜 버립니다. 안드로이드용 크롬 Chrome 의 이전 버전은 제스처를 인식하는 영역을 제한하여 이 문제를 피해갔습니다. 원래는 에지 스와이핑을 탭 tab 을 바꾸는 용도로 사용했는데, 이때에는 사람들이 페이지 내의 콘텐츠를 스와이프하다가 의도치 않게 탭을 바꾸는 경우가 빈번히 발생했습니다. 결국, 크롬 개발자는 탭을 바꾸는 스와이프 제스처를 화면 전체가 아닌 주소창 영역 안으로 제한했습니다. 이러한 조치 덕분에 웹 디자이너는 제스처 사용에 있어 공간과 자유를 얻

그림 4.15 원노트의 레이디얼 컨텍스트 메뉴

게 되었습니다(크롬은 결국 안드로이드 5.0 롤리팝 Lollipop에서 탭 기능을 없앴습니다).

이런 위험한 경우를 예상하여 제스처 밀도를 낮추세요. 앞서 가정한 사진 갤러리의 경우 HTML5의 히스토리 API history API를 사용하여 스와이프할 때마다 브라우저 히스토리를 업데이트할 수 있습니다. 이 시나리오에서는 실수로 뒤로 가는 에지 스와이핑을 하더라도 이전 사진으로 돌아갈 수 있습니다. 갤러리 안에서 그냥 스와이프한 것과 같은 결과를 얻게 됩니다.

레이디얼 메뉴는 제스처 밀도를 낮춘다

때때로 오래된 기술이 새로운 문제의 해결책으로 다시 떠오르기도 합니다. 레이디얼 메뉴 radial menu는 50년 전에 소개되었지만, 제스처 충돌을 피하는 방법으로 쓰이며 이제야 빛을 발하는 듯합니다. 레이디얼 메뉴는 바퀴에서 바큇살처럼 뻗어 나오는 옵션 세트입니다. 마이크로소프트의 원노트 OneNote 앱은 마우스 오른쪽 클릭 시 나오는 컨텍스트 메뉴로 레이디얼 메뉴를 사용합니다(그림 4.15). 앱에서 늘 보이는 메뉴 아이콘을 탭하면 현재 선택 영역에 적용할 수 있는 액션이 바퀴 형태로 나타납니다. 원하는 메뉴로 손가락을 드래그한 후 릴리스release 하면 해당 액션이 실행됩니다.

언뜻 보기에 이러한 메뉴는 처리해야 할 시각 정보로 가득 차 있어서 간단한 툴바보다 더 복잡해 보일 수도 있습니다. 하지만 레이디얼 메뉴의 핵심은 제스처 기반이라는 점입니다. 터치하고, 스와이프하고, 릴리스합니다. 화면에 손가락 자국mark을 남기는 것과 같다 하여 일부 사람들은 이를 마킹 메뉴marking menus라고도 부릅니다. 2시 방향 스와이프와 6시 방향 스와이프는 각기 다른 의미가 있습니다. 레이디얼 메뉴는 리스트 형태의 메뉴와 달리 근육 기억을 사용한다는 이점이 있어서 시간이 지날수록 작업 속도가 빨라집니다. 예를 들어 iOS 메신저는 오디오 클립, 사진, 비디오를 보내는 데 레이디얼 메뉴를 사용합니다(그림 4.16). 이는 금세 습관으로 자리잡는 유연한 모션입니다.

레이디얼 메뉴의 또 다른 장점은 제스처를 아주 간소화한다는 것입니다. 레이디얼 메뉴는 특정 위치에서 열립니다. 조작하려고 하는 콘텐츠에서 시작하는 것이 이상적이지만 메뉴 버튼이나 트리거에 의해 다른 위치에서 열리는 경우도 자주 있습니다. 이러한 고정된 시작점anchor point은 제스처를 시작하기 전에 영향을 주고자 하는 요소를 먼저 눌러야 합니다. 이렇듯 특별한 주의를 요구함으로써 오류를 줄입니다. 레이디얼 메뉴는 인터랙션의 정확도를 높이고 번잡해질 수도 있는 제스처 인터페이스에 질서를 가져옵니다.

레이디얼 메뉴는 1960년대 후반부터 있었지만, 최근까지도 전통적인 주요 인터페이스에서 주목받지 못했습니다. 한 가지 예외가 있었는데요, 그것은 바로 게임입니다. 전투 기반 게임에서는 레이디얼 메뉴를 사용하여 인벤토리inventory나 전투 옵션에 신속하게 접근합니다(그림 4.17). 손가락으로 방아쇠를 당기는 슈팅 게임에서 전형적인 리스트 형태의 메뉴가 아닌 레이디얼 메뉴를 채택한 것은 현명

그림 4.16 마이크 아이콘을 길게 누르면 음성 녹음을 시작하면서 레이디얼 메뉴가 팝업됩니다. 위로 플리크하면 녹음 내용 전송을, 왼쪽으로 플리크하면 삭제를, 손가락을 떼면 녹음이 잠시 중단됩니다.

그림 4.17 작명이 훌륭한 '왕좌의 게임: 더 게임Game of thornes: The Game'은 레이디얼 메뉴를 액션 컨트롤로 사용합니다.

제스처 **169**

한 판단이었죠. 게임에서는 플레이에 방해가 되는 요소를 반드시 제한해야 하고, 이때 다른 선택 도구보다 레이디얼 메뉴가 더 효율적입니다.

레이디얼 메뉴에 대한 연구가 진행된 지 25년이 넘었습니다. 1988년의 한 연구는 8개 항목을 선형과 원형으로 배치해 비교 실험을 진행했습니다. 사람들은 선형보다 원형 배치를 사용할 때 항목 선택 속도가 더 빠르다는 사실을 발견했습니다(http://bkaprt.com/dft/04-04/). 이것으로 레이디얼 메뉴가 사용 속도를 향상한다는 결론에 다다르게 되었죠. 이 주장은 1994년의 빌 벅스턴Bill Buxton과 고든 쿠텐바흐Gordon Kurtenbach가 진행했던 스타일러스 펜을 이용한 레이디얼 메뉴 연구로 인해 더 힘을 얻었습니다. 시간이 지남에 따라 그들은 능숙한 사용자가 메뉴를 전혀 보지 않는다는 것을 발견했습니다. 펜으로 버튼을 누르기보다는 메뉴를 보지 않고 제스처로 화면에 표식을 남기듯 사용했습니다. 사용 패턴이 변환된 후에는 메뉴 선택 속도가 세 배 빨라졌습니다(http://bkaprt.com/dft/04-05/). 하지만 모든 기술이 그렇듯 레이디얼 메뉴도 한계점은 있습니다. 다음 주의사항을 꼭 기억해 두시기 바랍니다.

- **정확도를 요구합니다.** 레이디얼 메뉴의 고정된 시작점은 제스처의 밀도를 낮추지만 화면 아무 곳에서나 사용하는 코어스 제스처의 혜택과는 거리가 멉니다. 코어스 제스처는 기본 컨트롤과 내비게이션에 이상적이지만 레이디얼 메뉴는 빠른 액션과 보조 도구에 적합합니다.
- **커질 수 없습니다.** 원형으로 둘러쌀 수 있는 아이템 수에는 한계가 있습니다. 8개가 합리적인 최대치로 보입니다. 핸드폰과 같은 작은 화면에서는 레이디얼 메뉴가 많은 영역을 차지하지 않도록 보통 3~4개로 제한하는 것이 좋습니다.

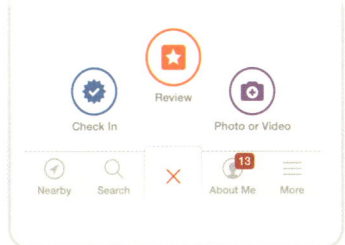 

그림 4.18 아이폰 앱 옐프Yelp(왼쪽)와 마이피트니스팔My Fitness Pal(오른쪽)은 내비게이션에 레이디얼 메뉴를 사용합니다.

- **처음 사용할 때 어색할 수 있습니다.** 쓸수록 사용 속도가 아주 빨라지기는 하지만 사람들은 원형보다는 일렬로 나열된 리스트를 훑어볼 때 더 편안함을 느낍니다. 하지만 실제로 사용해보면 이 편안함의 정도는 그리 중요하지 않습니다. "구성의 효과는 사용할수록 사라진다." 벅스턴이 1994년에 발견한 내용입니다. "메뉴 아이템이 자연스럽게 일렬로 나열되어 있더라도 레이디얼 메뉴를 사용해서 선택하는 것이 선형 메뉴를 사용해서 선택하는 것보다 훨씬 더 빠르고 오류가 적다." 하지만 이 사실은 아래의 주의 사항이 준수되느냐에 달려 있습니다.
- **일관성은 필수입니다.** 레이디얼 메뉴의 순서 또는 콘텐츠를 동적으로 변경하면 사용자는 시각적 선택으로 돌아가게 되어 근육 기억이 주는 속도 향상 효과도 사라집니다.

전체적으로 봤을 때 이러한 주의 사항은 무난한 수준입니다. 이로써 레이디얼 메뉴를 실제로 사용하면 좋을 만한 곳이 추려집니다. 내비게이션이나 일관된 컨텍스트 메뉴 등이 이에 해당합니다. 이미 레이디얼 메뉴는 안드로이드, 윈도우 그리고 iOS는 물론, 널리 쓰이는 많은 앱에서 메뉴 내비게이션으로써의 역할을 하고 있습니다(그림 4.18).

레이디얼 메뉴는 미디어와 브라우저 기능 모두에 적합하지만, 시스템과 앱 환경보다 웹에 정착하기까지 더 많은 시간이 걸렸습니다. 웹에 적용된 예로는, 종종 사용되는 제이쿼리jQuery 플러그인(http://bkaprt.com/dft/04-06/)이나 경로Path 앱의 레이디얼 메뉴를 구현한 CSS3 복제본(http://bkaprt.com/dft/04-07/)이 있습니다. 그런데 왜 우리는 레이디얼 메뉴를 더 자주 볼 수 없을까요? 사실, 브라우저에서 제스처를 구현하기 쉽지 않아서 그렇습니다. 그 이유를 살펴보겠습니다.

골치 아픈 웹 제스처

제스처를 브라우저에 적용하는 것이 불가능하지는 않지만 몇 가지 구조적인 문제 때문에 꽤 까다롭습니다. 브라우저는 몇 가지 이유 덕분에 터치스크린 디바이스에서 이뤄낸 인터랙션 기대치에는 아직 미치지 못하고 있습니다.

첫째로, 앞서 살펴본 바와 같이 브라우저는 이미 많은 수의 유용한 제스처를 쓰고 있습니다. 이러한 제스처 경쟁 때문에 디자이너에게는 탭과 스와이프 이외에는 남은 선택의 여지가 거의 없습니다(레이디얼 메뉴는 디자이너에게 남겨진 탭과 스와이프를 콤보로 이용하므로 웹에 더욱 적합한 방식입니다).

둘째로, 자바스크립트는 프론트엔드 개발자에게 가장 기본적인 터치 이벤트인 touchstart, touchend, 그리고 touchmove 만을 건네줍니다. 이걸로는 탭이나 어쩌면 스와이프 정도는 쉽게 감지할 수 있지만, 그 이상은 금세 복잡해집니다. 앞서 다뤘던 크랭크 제스처, 두 손가락으로 회전시키는 투핑거 로테이션two-finger rotation 제스처, 혹은 여러 개의 손가락으로 하는 멀티핑거 스와이프를 한번 코딩해 보세요. 그러면 무슨 말인지 알게 될 것입니다. 모든 DOM 요소에서 우리가 흔히 쓰는 핀치, 롱 탭, 스와이프, 로테이트 같은 제스처용 이벤트를 제공한다면 아주 이상적일 것입니다. 마이크로소프트는 HTML5로 네이티브 윈도우 앱을 구축할 수 있도록 프레임워크에 이러한 제스처를 제공합니다. 한발 앞선 셈이죠. 하지만 지금 당장은 이 모든 것을 처음부터 만들거나 라이브러리를 이용해야 합니다. Hammer.js(http://hammerjs.github.io)는 탭, 더블탭, 스와이프, 드래그, 핀치와 로테이트를 위한 이벤트를 감지하는 아주 훌륭한 라이브러리입니다.

새로운 도구와 기술이 디자이너를 위해 등장하고 있습니다. 특히 터치를 위한 코딩의 첫 시도로 도전해볼 만한 제스처는 스와이프입니다. 상대적으로 구현이 쉽고 이미 많은 사이트가 이전/다음과 같은 내비게이션을 위한 제스처로 사용하고 있습니다. 예를 들어, 플리커Flickr의 사진 갤러리, 뉴욕타임스의 이전/다음 기사보기, 구글 이미지 검색 등에서는 스와이프를 사용할 수 있습니다.

물론 스와이프를 넘어 모험을 떠나볼 수도 있지만, 작업이 훨씬 힘들어집니다. 이 모험에 무엇이 필요한지 검토해봅시다. 이 장의 나머지 부분은 브라우저가 어떻게 터치 이벤트를 다루는지, 그리고 몇 가지 간단한 제스처 구현을 위해 자바스크립트와 CSS를 어떻게 사용할 수 있는지를 소개할 것입니다. 이 책은 자바스크립트 백과사전이 아니므로 까다롭게 세세한 부분까지 들여다보지는 않겠습니다. 다만 디자이너로서 터치를 위한 코딩을 할 때 무엇이 현실적인지를 이해하는 것은 매우 중요합니다. 터치 이벤트 코딩coding touch events은 결코 쉬운 일이 아니니 굳이 이 모험에 뛰어들지 않아도 되는 상황부터 먼저 알아둡시다.

클릭을 고수하라

앞서 말했듯이 대부분의 터치스크린 브라우저는 touchstart, touchmove, 그리고 touchend 이벤트를 제공합니다. 그리고 화면을 탭tap하는 것으로도 구식이지만 유용한 click 이벤트를 일으킵니다. 이는 마우스용으로 코딩된 기존 사이트들이 터치 환경에서도 동작하도록 해줍니다. 간단한 인터랙션인 클릭을 고수하는 것이 우리의 정신 건강에도 좋습니다.

웬만하면 클릭 이벤트를 사용하세요. 복잡한 터치 이벤트를 사용할 수 있을지라도, 탭보다 더 멋져 보이는 뭔가를 만들고자 하는 것이 아니라면 굳이 click 이벤트를 대체할 필요는 없습니다. 일상적으로 우리는 click을 마우스와 연관시키지만, 반드시 마우스 이벤트여야 하는 것은 아닙니다. "이걸 활성화할 거야"라는 일반적인 액션이라고 생각하세요. 사용자가 탭 할 때 무언가 보여주고 싶다면 대부분의 경우에 click으로 처리할 수 있습니다. 터치 이벤트는 건너뛰고 마치 마우스를 위한 코딩을 하듯 작업하세요.

클릭은 다양한 입력 수단으로 실행시킬 수 있다는 또 다른 이점이 있습니다. 이름은 마우스에서 왔지만, 키보드나 음성, 키넥트 스타일Kinect-style의 동작 인식, 혹은 가상현실 헤드셋의 움직임으로 동작하는 브라우저에서도 click은 핵심 액션으로 존재합니다. 클릭은 과거뿐만 아니라 미래에서도 호환됩니다.

하지만 click도 완벽하지는 않습니다. 이 장의 대부분에서 터치를 위한 새로운 접근법을 찾아야 한다고 주장해 왔습니다. 터치 인터랙션은 명확하면서도 미묘해서 여러 가지 면에서 마우스나 트랙패드 이벤트와는 다릅니다.

두드러지는 차이점은 대응해야 하는 포인터의 수입니다. 마우스용 인터페이스에서는 클릭하는 데 쓰이는 커서가 무조건 하나입니다. 반면에 터치에서는 열 손가락을 쓸 수도 있죠(친구가 도와준다면 그 이상도 가능합니다. 아니면 발가락이라든지). 한 번에 두 개 이상의 손가락을 감지해야 한다면 click으로는 불가능합니다. 가능하다면 최대한 click을 사용하지만, 아래에 해당하는 경우라면 터치 이벤트로 변경하세요.

- 멀티 터치를 감지해야 할 때(핀치, 로테이트, 투핑거 스와이프)
- 한 손가락으로 화면을 누르고 있는 상태에서 액션을 취해야 할 때(터치 버튼의 mouseover)
- 손가락의 움직임을 감지해야 할 때(스와이프나 드래그)

위의 리스트 중 마지막에 있는 손가락의 움직임을 감지해야 하는 경우에는 상황에 따라 변경의 여지가 있습니다. 스와이프가 가장 흔하게 사용되는 갤러리 또는 캐러셀 같은 경우라면 기본적인 요소만 있는 CSS로도 구현할 수 있습니다. 그러니 여기부터 시작해봅시다.

갤러리와 캐러셀의 스와이핑은 CSS로

웹사이트에서 캐러셀과 그에 연관된 스와이프를 만들기 위해서 복잡한 자바스크립트를 자주 사용합니다. 하지만 이렇게 하면 놀라울 정도로 간단한 답을 두고 필요 이상으로 복잡하게 푸는 격입니다. CSS에서 overflow:scroll을 대신 사용하면 모든 최신 터치스크린 브라우저는 하드웨어를 통해 입력되는 좌우 움직임을 감지합니다. 즉, 스와이프를 구현하기 위해 자바스크립트를 쓰지 않아도 됩니다. 이미지 목록을 이렇게 구성합시다.

```html
<ul class="carousel">
   <li>
      <img src="image1.png" alt="unicorn">
   </li>
   <li>
      <img src="image2.png" alt="rainbow">
   </li>
   <li>
      <img src="image3.png" alt="sparkles">
   </li>
</ul>
```

CSS를 이용해서 아이템을 가로로 나열하고 크기를 지정합니다.

```css
.carousel {
   white-space:nowrap;
}

.carousel li {
   display: inline-block;
   padding: 0;
   margin: 0;
}

.carousel img {
   width: 400px;
   height: 300px;
}
```

이게 전부입니다. `ul` 리스트를 감싸는 컨테이너의 가로와 세로값을 지정하고, `overflow-x`에 `scroll`을 세팅하세요. 이렇게 하면 브라우저는 지정된 컨테이너 안에 이미지가 모두 들어가지 못할 경우 이

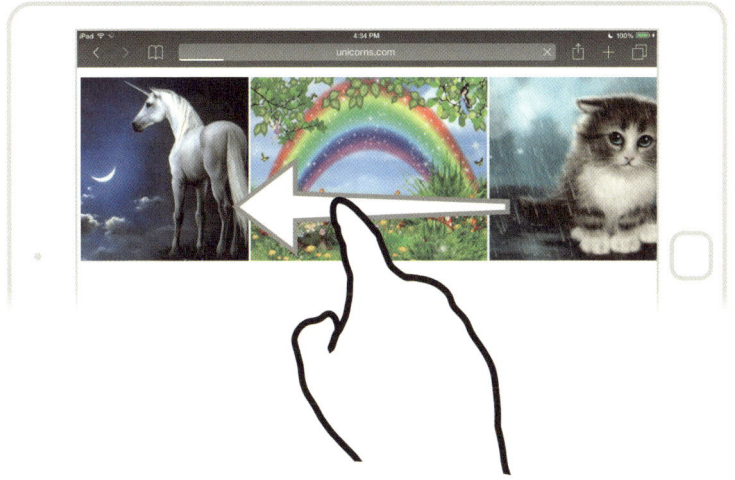

그림 4.19 자바스크립트가 왜 필요한가요? CSS와 HTML만으로 스와이프가 가능한 캐러셀을 만들 수 있습니다.

미지를 스크롤합니다. 이로써 터치스크린 브라우저는 가로로 스와이프할 수 있는 캐러셀을 디스플레이합니다(**그림 4.19**).

```
.carousel {
    white-space:nowrap;
    overflow-x: scroll;
    overflow-y: hidden;
    width: 100%;
    height: 300px;

    /* 모바일 사파리를 위해 모멘텀 스크롤링을 추가합니다. */
    -webkit-overflow-scrolling: touch;
}
```

`.carousel` 마지막 줄에 있는 것은 iOS일 경우 멋진 **모멘텀 스크롤링**momentum scrolling[9]을 추가한다는 뜻입니다.

`-webkit-overflow-scrolling: touch;`

이제 손가락으로 화면을 플리크하면 가속도가 적용된 스크롤이 작동하다가 자연스러운 물성을 보이며 서서히 멈춥니다. `-webkit-overflow-scrolling`이 없으면, 이 캐러셀은 사용자가 드래그할 때만 움직이고 딱 멈추기 때문에 인터랙션이 인위적이고 투박해집니다. 다른 최신 터치 브라우저는 스크롤에 자동으로 가속도를 적용해주기 때문에 이러한 추가 작업이 필요하지 않습니다.

한 가지 주의할 점이 있습니다. 많은 구식의 모바일 브라우저는 `overflow:scroll`을 `overflow:hidden`처럼 취급하여 컨테이너에 들어가지 않는 콘텐츠는 잘라버립니다. 생동감 있는 캐러셀 대신 꼼짝도 안하고 컨테이너 밖의 나머지 콘텐츠에는 접근할 수도 없게 됩니다. 다행히도 필라멘트 그룹Filament Group이 그 해결책을 내놓았습니다. 오버스로우Overthrow는 말을 듣지 않는 브라우저가 제대로 작동하도록 교정하고 모멘텀 스크롤링도 적용하는 자바스크립트 라이브러리입니다(http://bkaprt.com/dft/04-08/).

스냅 포인트를 캐러셀에 추가하자

이것으로 우리는 빙글빙글 잘도 돌아가는 멋진 캐러셀을 만들었습니다. 다만 한 가지 아쉬운 점은 두 이미지의 중간에 멈춰 설 수도 있다는 것입니다. 스크롤이 멈추면 캐러셀을 패널 중 하나에 자석

---

[9] 모멘텀 스크롤링(momentum scrolling): iOS에서 사용할 수 있는 스크롤 방식으로, 조작하는 속도에 따라 스크롤하는 속도가 변한다. 아이폰이나 아이팟 터치, 매직 마우스(magic mouse)에서 지원된다.

붙듯 스냅snap되도록 scroll-snap 룰을 추가합시다.

```
.carousel {
    white-space:nowrap;
    overflow-x: scroll;
    overflow-y: hidden;
    width: 100%;
    height: 300px;

    /* 모바일 사파리를 위해 모멘텀 스크롤링을 추가한다. */
    -webkit-overflow-scrolling: touch;

    /* 스크롤이 멈출 때 패널에 스냅 */
    -ms-scroll-snap-type: mandatory;
    scroll-snap-type: mandatory;
    -ms-scroll-snap-points-x: snapInterval(0px, 400px);
    scroll-snap-points-x: snapInterval(0px, 400px);
}
```

scroll-snap-points-x 룰은 첫 번째 이미지의 시작점에 맞춰 캐러셀을 스냅하고(첫 번째 스냅 포인트는 0px에서 시작), 그 후 400px마다 다시 스냅하라고 지시합니다. 이 수치는 뒤따르는 각 이미지의 너비와 같은 것입니다. 이 글을 쓰는 시점에서 IE 10+은 scroll-snap을 지원하지만, 그 외 브라우저는 이를 무시하고 스냅 없이 스크롤을 흘러가도록 둡니다. 하지만 scroll-snap은 표준화에 포함될 계획이므로 앞으로 더 많은 브라우저에서 사용할 수 있으리라 예상됩니다(http://bkaprt.com/dft/04-09/).

점진적 향상 기법으로 데스크톱 경험을 정돈하자

모바일과 태블릿 브라우저는 overflow:scroll이 적용된 요소를 깔끔하게 제대로 표현합니다. 하지만 데스크톱은 이 요소에 스크롤 바를 표시합니다. 이는 사용자에게 더 많은 콘텐츠가 있다는 명백한 시각적 힌트를 주기 때문에 접근성 면에서 괜찮은 시작점이라 할 수 있습니다. 그러나 화면 한복판에 있는 스크롤 바는 분명 투박해 보일 것입니다. 잘 다듬어진 자바스크립트를 추가해서 경험을 향상합시다.

우선 브라우저가 터치나 포인터 오브젝트가 있는지 자바스크립트를 통해 감지합니다. 만약 없다면, 캐러셀에 overflow:hidden을 세팅하고, .carousel 콘텐츠를 좌우로 움직이게 할 이전/다음 버튼을 각각 추가합니다. 이 데스크톱용 캐러셀 코딩은 여러분이 직접 연습할 수 있도록 자세한 내용을 여기에 싣지 않겠습니다. 다만 몇 가지 미리 알려드리겠습니다. 1장에서 살펴봤듯이, 브라우저로 터치를 완벽히 감지할 수는 없습니다. 그렇지만 캐러셀의 경우 아래의 내용을 추가하면 충분히 보기 좋게 업그레이드할 수 있습니다.

```
if ( ! 'ontouchstart' in window ||
     ! window.navigator.MaxTouchPoints ||
     ! window.navigator.msMaxTouchPoints )
{
   // 터치가 없으면 데스크톱용 이전/다음 버튼을 구현한다.
}
```

이 터치 감지는 완벽하지 않기 때문에, 일부 터치 브라우저에서 스와이프 대신 이전/다음 버튼으로 교체될 가능성이 있습니다. 하지만 걱정하지 마세요. 발생하더라도 소수의 브라우저만 해당될 것이고, 모든 콘텐츠에 접근할 수 있을 것입니다. 그리고 변경되더라도 넉넉한 크기의 이전/다음 버튼 덕에 여전히 터치하기 편할 것입니다.

브라우저에서의 터치 이벤트

앞에서 보았듯이, CSS와 자바스크립트를 정교하게 조합하면 click 이벤트로 탭과 스와이프를 처리할 수 있습니다. 그것으로 필요한 것이 해결되었다면 할 일은 여기서 끝났으니 다음 장으로 넘어가도 좋습니다. 하지만 멀티 터치, 드래그 앤드 드롭, 크랭크, 로테이트 등과 같이 복잡한 제스처를 구현해야 한다면 터치 이벤트 코딩을 시작하기 전에 안전띠와 안전모를 확인해주세요. 아주 깊게 들어가지는 않겠지만, 앞으로 나오는 내용은 터치 이벤트가 어떤 식으로 동작하는지에 대한 고차원적인 개요입니다.

널리 사용되는 플랫폼 중에서 브라우저에 자바스크립트 터치 이벤트를 처음 적용한 것은 아이폰이었습니다. 그 후 다른 브라우저들도 iOS와의 호환성을 제공하기 위해 재빨리 이에 동참했습니다. 이 접근법은 W3C의 표준이 되었고(http://bkaprt.com/dft/04-10/), 이제는 거의 모든 터치 브라우저가 지원하고 있습니다(단, IE는 예외입니다. 곧 살펴보겠지만, IE는 또 다른 표준이 되어 경쟁하게 될지도 모르는 자체 포인터 모델을 가지고 있습니다).

개발자는 보편적으로 쓰이는 터치 이벤트 모델로 touchstart, touchend, touchmove 이벤트를 감지할 수 있습니다. 이들은 우리에게 익숙한 데스크톱의 mousedown, mouseup, mousemove 이벤트와 비슷하게 작동합니다. 개발자는 언제 터치가 시작되고, 끝나고, 혹은 변경되는지를 감지하여 그에 해당하는 액션을 페이지에서 발생시킬 수 있습니다. 다른 자바스크립트 이벤트와 마찬가지로 이 세 가지 이벤트는 개발자가 터치에 대한 추가 정보를 얻을 수 있는 이벤트 데이터 오브젝트 event data object를 생성합니다. 터치 이벤트 오브젝트에는 세 가지 터치 리스트와 현재 화면을 터치하고 있는 손가락이나 스타일러스를 참조하는 데이터 오브젝트가 포함됩니다.

- event.touches: 이 이벤트를 위한 DOM 요소뿐만 아니라 화면 위에 있는 모든 터치 오브젝트의 리스트입니다.
- event.targetTouches: 터치가 가능한 요소 중에서 현재 DOM 요소에 포함된 터치 오브젝트에 집중된 리스트입니다.
- event.changedTouches: 현재 이벤트에 관련된 터치 오브젝트의 리스트입니다. 예를 들어, touchmove에서 이 리스트는 실제 움직인 터치만을 보여줍니다. 사용자가 엄지손가락과 다른 손가락으로 핀치하고 있지만 엄지손가락만 움직였다고 가정해 봅시다. 그러면 리스트에는 엄지손가락의 내용만 기록됩니다.

이 세 가지 리스트의 각 터치 오브젝트에는 터치 좌표와 이벤트를 발생시킨 대상 요소에 대한 정보가 들어있습니다(예를 들어, 사용자가 링크를 터치했다면 대상요소는 해당 링크의 <a> DOM 요소입니다). 개발자는 이러한 이벤트와 터치 오브젝트를 통해 화면 위 손가락의 존재, 위치, 모션을 추적할 수 있습니다. 더 자세한 내용은 보리스 스머스Boris Smus의 〈웹 브라우저에서 멀티 터치 구현하기〉Developing for Multi-Touch Web Browsers〉를 확인하기 바랍니다(http://bkaprt.com/dft/04-11/).

마우스와 터치 이벤트의 분리

앞서 우리는 구식의 클릭 이벤트가 터치와 어떻게 호환되는지 알아보았습니다. 사실 클릭뿐 아니라 더 넓은 범위의 마우스 이벤트가 터치로 작동됩니다. 사용자가 손가락으로 화면을 눌렀다가 뗄 때마다 브라우저는 touchstart, touchmove(감지될 경우에만), touchend, mouseover, mousemove(감지될 경우에만), mousedown, mouse-up, click 이벤트를 순차직으로 일으킵니다. 이로 인해 마우스와 키서 인터랙션에 맞춰 제작된 사이트도 터치스크린에서 정상적으로 동작합니다. 좋은 의도이긴 하지만, 이 때문에 몇몇 요소는 다루기

까다로워지므로 살펴보고 넘어가는 것이 좋겠습니다.

- 모든 마우스 이벤트는 손가락이 화면에서 떨어진 후 바로 발생합니다. 그래서 touchmove는 mousemove와 동시에 발생하지 않고, mouseover는 심지어 화면 위에 손가락이 없더라도 트러거됩니다. 즉, 마우스 이벤트는 여전히 유효하지만, 터치 제스처와 일대일로 매치하지 않습니다.
- 하나의 터치는 터치 이벤트와 마우스 이벤트 모두를 트리거하므로 마우스와 터치 이벤트에 따라 액션을 정의하면 하나의 액션이 두 번 작동할 수 있으니 주의하세요. 터치 이벤트 핸들러 안에서 event.preventDefault()를 사용하여 브라우저가 터치에 매치되는 마우스 이벤트를 발생시키지 못하게 해야 합니다(나중에 자세히 다룰 것이지만, 여기에는 약간의 부작용이 있습니다). 예를 들어 터치 환경에서는 touchstart를, 마우스 환경에서는 mousedown을 통해 무언가를 하고 싶다면 touchstart가 트리거 될 때 다른 터치 이벤트를 처리하지 않도록 브라우저에 지시해야 합니다. 그렇지 않으면 mousedown 액션도 터치 환경에서 함께 일어납니다.

```
document.body.addEventListener('touchstart',
    function(event) {
    event.preventDefault(); // 이 터치를 통해 더 이상의 이벤
    트를 트리거하지 않습니다.

    // 여기에 touchstart 이벤트를 위한 코드를 넣습니다.
}, false);
```

- touchend가 실행된 후 0.3초의 지연 시간이 있으므로 click을 비롯한 터치에 반응하는 모든 마우스 이벤트는 화면에서 손을 뗀 후에도 1/3초 동안 이어집니다(이는 주어진 어떤 터치에 대해 touchmove 이벤트는 손가락을 움직일 때 업데이트되지만, mousemove 이벤트는 단 한 번만 발생함을 의미합니다). 지연이 발생하는 이유와 이를 제거할 방법을 조금 뒤 살펴볼 것입니다.
- mouseout과 같은 마우스 이벤트가 주는 시맨틱semantic 의미를 잃게 됩니다. mouseout은 손가락을 화면에서 뗄 때 작동할 것 같지만, 다른 페이지 요소를 터치한 후에야 터치된 요소에서 트리거됩니다.

대부분의 경우, 이러한 터치와 마우스의 차이 때문에 각 입력 방식을 독립적으로 지원하면서 각각에 대해 별도의 인터랙션 스타일을 구현합니다. 예를 들어, 요소 하나를 확대하려면 마우스 이벤트를 위한 버튼으로 작동되는 줌zoom으로 전환하는 동안 터치 이벤트로 핀치 앤드 스프레드 제스처를 감지하는 기능을 추가할 수 있습니다. 하지만 마우스, 키보드, 터치를 오가며 입력 전환이 일어나는 디바이스와 브라우저의 수가 늘어나고 있음을 고려하면 상황이 더 복잡해지죠.

인터페이스는 다양한 입력 수단과 인터랙션을 맞이할 준비가 되어 있어야 합니다. 만약 당신이 자바스크립트 개발자라면 번거롭겠지만, 클릭과 터치를 별도의 코드로 작성하는 데 익숙해져야 합니다.

터치 이벤트 사용에 따르는 책임

위에 언급했듯이, 터치 이벤트 핸들러에서 preventDefault()를 사용하여 브라우저가 해당 마우스 이벤트가 트리거하지 못하게 해야 합니다. 간단한 처치이지만 이는 무시할 수 없는 부작용을 일으킵니다. 브라우저가 해당 터치에 대한 마우스 이벤트만 취소하는 것이 아니라, 브라우저에서 해당 요소에 대한 스크롤이나 클릭 등과 같은 디폴트 작동 모두를 따르지 않도록 지시합니다. 여러분이 `preventDefault()`로 터치 이벤트를 잡아 오면 브라우저에게 "해당 터치에 관련된 모든 것을 여기서부터는 내가 핸들링할게"라고 효과적으로 알리게 되는 것이죠. 사용자가 탭, 스크롤, 스와이프, 더블탭을 하려고 하나요? 이제는 여러분이 그것을 분류하고 그에 맞는 작동을 제공해야 합니다. 예를 들어 `touchstart`나 `touchmove` 이벤트 핸들러에서 `preventDefault()`를 사용하면 브라우저는 해당 터치에 대한 스크롤을 취소합니다. 스크롤이 되도록 여러분이 직접 코딩하지 않는 한, 페이지에서 이 부분은 스크롤이 되지 않는 영역으로 변합니다.

 이런 낮은 수준의 인터랙션을 다루는 일은 서두를수록 복잡해지므로 가벼운 생각으로 덤비지 않는 것이 좋습니다. 만약 이 길로 접어들었다면 혹은 복잡한 제스처를 구현을 위해 이 길을 가야만 한다면 여러분이 만든 `touchend` 핸들러를 소수의 버튼이나 링크로 제한하는 것을 고려하세요. 특히 스크롤이 포함된 요소에는 터치 핸들러를 추가하는 것을 피해서 의도치 않게 브라우저의 기본 스크롤 작동을 비활성화하지 않도록 합시다.

 다시 한번 강조하지만, `click` 이벤트로만 원하는 바를 구축할 수 있다면 수많은 고생길을 피해 갈 수 있습니다. 하지만 안타깝게도 믿을 만한 친구인 `click`마저 터치에서 이상한 행동을 보입니다. 그 중 가장 문제가 되는 것은 화면을 터치하는 순간부터 터치가 트리거 될 때까지 눈에 띄게 시차가 생긴다는 것입니다.

0.3초 딜레이 관리

아주 최근까지도 터치 기반의 모든 모바일 브라우저에서는 화면을 탭한 후 '클릭'을 인식하기까지 0.3초 딜레이가 발생했죠. 1/3초는 앱과 비교했을 때 웹사이트가 느리다는 느낌을 주기에 충분한 시간입니다. 범인은 바로 브라우저가 페이지 줌^{zoom}을 위해 사용하는 더블탭 제스처입니다. 화면을 한 번 탭하면 브라우저는 이에 반응을 보이기 전에 더블탭을 하는 것은 아닌지 확인하기 위해 아주 잠시(0.3초!) 기다립니다. 만약 이렇게 탭 횟수를 셀 필요가 없다면 브라우저도 딜레이 없이 즉각적으로 반응할 수 있습니다.

브라우저 대부분은 오직 줌을 위해 더블탭을 미리 맡아 두는데, 안드로이드용 크롬과 파이어폭스^{Firefox}는 조금 꾀를 냈습니다. 디자이너가 애초에 페이지에서의 줌을 비활성화하면 이 브라우저는 더블탭을 감지하기 위해 기다리지 않습니다. 하지만 문제는 페이지 줌을 막으면 브라우저는 이 더블탭뿐만 아니라, 두 손가락으로 화면을 늘려서 사용하는 핀치-투-줌 제스처도 무시하게 됩니다. 이는 많은 사람이 사이트를 읽기 위해 사용하는 제스처이기 때문에 문제가 될 수 있죠. 사용자에게서 줌 기능을 빼앗는 것은 사이트를 사용하지 못하게 하는 행위이고, 접근성이 심각하게 훼손됩니다.

2013년 크롬은 페이지 너비가 device-width로 설정된 경우, 더블탭 줌을 다음과 같이 제거하면서 한 발짝 더 나아갈 수 있었습니다.

```
<meta name="viewport" content="width=device-width,
    initial-scale=1.0">
```

만약 반응형 또는 모바일 전용 사이트를 제작 중이라면, 어쨌든 위의 태그를 사용해야 합니다. 이 태그는 별도의 노력 없이 0.3초 딜레이를 없애고, 핀치-투-줌 제스처도 그대로 사용할 수 있게 하죠.

다른 브라우저도 결국 크롬의 방법을 도입하리라 생각하지만, 일부 브라우저는 그렇지 않을 수도 있습니다. 예컨대, 모바일 사파리의 경우 화면 상단이나 하단을 더블탭하면 페이지를 스크롤합니다. 이렇듯 더블탭이 줌 이외에도 사용되어 이 제스처의 용도를 쉽게 바꾸지는 못할 것입니다.

IE에서는 CSS를 사용해서 더블탭 줌을 해제할 수 있습니다. 터치 액션 속성(http://bkaprt.com/dft/04-12/)을 사용하면 개별 요소에 대한 디폴트 터치 동작을 허용할지 IE 10+에 알릴 수 있습니다. 예를 들면, 핀치 제스처는 허용하지만 더블탭은 사용하고 싶지 않다면 다음 CSS 규칙을 추가하세요.

```
-ms-touch-action: manipulation;
touch-action: manipulation;
```

쉽고 간단하죠. 크롬과 IE에서 탭 대기 시간을 없애서 no-wait tap 반응 속도를 높이는 방법은 다음과 같이 요약됩니다.

- 뷰포트를 `device-width`로 설정합니다.
- CSS의 `touch-action`을 이용합니다.

다른 브라우저에서는 여전히 딜레이 때문에 반응이 느리겠지만, 정말 필요하다면 자바스크립트 라이브러리를 사용하여 해결할 수 있습니다. FT 랩이 개발한 패스트클릭FastClick(http://bkaprt.com/dft/04-13/)은 터치 이벤트를 사용하여 패스트클릭을 트리거하고 더블탭 제스처를 제거합니다. 또한, 스크롤과 스와이프, 탭 제스처를 구분하는 복잡한 일도 처리해줍니다. 필라멘트 그룹Filament Group의 스콧 젤Scott Jehl이 개발한 태피Tappy(http://bkaprt.com/dft/04-14/)는 터치, 마우스, 키보드 클릭 이벤트 간의 차이를 하나의 `tap` 이벤트를 생성하는 미봉책으로 가립니다. 이 `tap` 이벤트는 세 가지 입력 모두에 반응하고 처리함으로써 0.3초 딜레이도 없애줍니다.

까다롭지만 희망적인 포인터 이벤트

자, 조금 전까지 자바스크립트로 클릭과 터치를 하나의 이벤트로 통합할 것을 제안했습니다. 그 전에는 가능한 모든 곳에 `click`을 사용하라고 권했고요. 어느 장단에 춤을 추는 건지 모르겠나요? 하지만 주의 깊게 살펴본 독자라면 마우스와 터치 모두에서 제대로 작동하는 하나의 코드를 찾고 싶은 저의 진심 어린 바람을 느꼈을 것입니다. 최소한 복잡하지 않은 인터랙션만이라도 말이죠. 입력에 따라 인터랙션도 항상 달라지기 때문에 가끔은 코드를 분리해야만 합니다. 하지만 아주 기본적인 인터랙션(클릭, 스크롤, 드래그 앤드 드롭 등)은 거의 비슷하므로 굳이 따로따로 다룰 필요가 없습니다. 이것이 바로 **포인터 이벤트** pointer event 의 배경이 된 아이디어입니다.

마이크로소프트는 IE 10에서 터치 이벤트의 경쟁적 대안으로 포인터 이벤트를 소개했습니다. 포인터 이벤트는 마우스, 터치, 스타일러스, 심지어는 키넥트 스타일 에어 Kinect-style air 제스처까지 모든 입력을 병합합니다.[10] 아주 희망적인 이야기지만 안타깝게도 포인터 이벤트는 IE에서만 작동합니다. 하지만 W3C가 포인터 이벤트를 표준으로 지정했기 때문에(http://bkaprt.com/dft/04-15/) 다른 브라우저도 이를 도입할 가능성이 있습니다(이 글을 쓰는 시점을 기준으로 사파리는 도입 계획이 없다고 했지만, 크롬과 파이어폭스는 이 표준을 적용할 것이라고 밝혔습니다). 브라우저가 흥미를 보이며 망설이는 동안, 마이크

---

10 포인터 이벤트는 프로그래밍 언어에서의 포인터 개념을 떠올리면 이해에 도움이 될 것이다. 포인터 개념에 대한 간단한 설명은 위키 백과 등을 참조하기 바란다.

로소프트의 Hand.js(http://bkaprt.com/dft/04-16) 같은 자바스크립트 라이브러리는 통합되지 않은 이벤트 핸들링을 포인터 이벤트로 통합하여 모든 브라우저에서 바로 사용할 수 있게 합니다. 상황이 어떻든 디자이너는 터치 이벤트와 포인터 이벤트 그리고 마우스 이벤트 모두를 지원해야 할 의무가 있습니다.

포인터 시스템의 작동 방식을 간단히 살펴봅시다. 포인터는 다양한 이벤트를 트리거하고, 마우스 액션과는 달리 동시에 일어날 수 있습니다(예: 손가락 여러 개로 터치하는 경우). 호환성에서는 터치 이벤트와 마찬가지로 마우스 이벤트가 함께 호출하므로 포인터 이벤트와 마우스 이벤트 둘 다 처리하지 않도록 주의해야 합니다. 앞서 살펴본 `event.preventDefault()`의 주의 사항을 고려하여 적용하도록 합시다.

마이크로소프트는 IE 10을 W3C의 표준보다 먼저 발표했기 때문에 벤더 프리픽스^{vendor prefix}를 사용하여 자체 포인터 이벤트의 이름을 지정했습니다. 표준화 작업이 완료된 IE 11부터는 더이상 프리픽스를 지원하지 않습니다. 즉, 모든 버전에서 포인터 이벤트를 사용하기 위해서는 포인터 이벤트와 오브젝트의 프리픽스 및 프리픽스가 아닌 이름 모두를 써야 한다는 뜻이죠. 그래서 코드가 다소 길어집니다. 주요 포인터 이벤트는 다음과 같습니다.

- `pointerdown`(혹은 IE 10의 경우 `MSPointerDown`): 마우스 버튼이 눌린 상태, 또는 손가락이나 스타일러스가 화면과 닿아 있는 상태입니다. `mousedown` 및 `touchstart`와 비슷합니다.
- `pointerup`(혹은 `MSPointerUp`): 마우스 버튼이 릴리스된 상태, 또는 손가락이나 스타일러스가 화면에서 떨어지는 상태입니다. `mouseup` 및 `touchend`와 비슷합니다.

- pointermove(혹은 MSPointerMove): 활성화된 포인터가 움직이고 있는 상태입니다. mousemove 및 touchmove와 비슷합니다.
- pointerover(혹은 MSPointerOver): 호버가 시작되는 시점입니다. 호버를 지원하지 않는 디바이스에서는 pointerdown이 직전에 시작됩니다. mouseover와 비슷합니다.
- pointerout(혹은 MSPointerOut): 호버가 끝나는 시점입니다. 호버를 지원하지 않는 디바이스에서는 pointerup이 작동된 직후에 시작됩니다. Mouseout 와 비슷합니다.

포인터 이벤트 오브젝트는 모든 마우스 이벤트 정보를 제공합니다. 화면 위의 좌표인 event.clientX와 event.clientY, 이벤트의 대상을 지정하는 event.target 등이 이에 속합니다. 그뿐만 아니라 입력된 포인터의 종류(event.pointerType)와 스타일러스의 압력(event.pressure)도 감지합니다.

포인터 이벤트 오브젝트에 대한 상세한 내용은 마이크로소프트의 포인터 이벤트 설명서(http://bkaprt.com/dft/04-17/)를 참조하기 바랍니다.

포인터, 터치 그리고 클릭을 모두 지원하자

휴, 이제 우리는 키보드, 마우스, 터치, 포인터 그리고 마이크로소프트의 프리픽스 포인터 이름까지 많은 종류의 이벤트를 다룰 수 있게 되었습니다. 그러면 자바스크립트는 어떻게 손봐야 할까요? 우선 포인터 이벤트를 지원하는 브라우저를 위한 설정을 하고, 나머지 브라우저에는 이벤트를 마우스와 터치로 분리합니다. 그런 다음 모든 브라우저에 키보드와 클릭 이벤트를 추가합니다. 작성 내용은 다음과 같습니다.

```
if ('PointerEvent' in window) {
    // 포인터 이벤트를 하나로 모읍니다.
}
else if ('MSPointerEvent' in window) {
    // MS 프리픽스 포인터 이벤트를 하나로 모읍니다.
}
else {
    // 마우스 이벤트를 하나로 모읍니다.

    if ('ontouchstart' in window) {
        // 터치 이벤트를 하나로 모읍니다.
        // 터치와 마우스 이벤트가 함께 실행되지 않도록
        event.preventDefault() 추가합니다.
    }
}
// 키보드 이벤트를 하나로 모읍니다.
// 클릭 이벤트를 하나로 모읍니다.
```

인터랙션 이벤트를 한 데 묶어주는 포인트 이벤트는 엄청난 가능성을 품고 있습니다. 하지만 제대로 정착하기까지 디자이너들은 불어나는 코드와 이에 따르는 성능 저하라는 또 다른 국면에 대처해야 합니다. 어떻게요? 최대한 click 이벤트(혹은 태피 라이브러리의 tap)를 사용하고, 가능한 모든 곳에서 코드를 간소화하는 것이 우리가 할 수 있는 최선의 전략입니다.

제스처 따라잡기

터치스크린은 인터랙션에 대한 기대치를 만들어 냅니다. 그리고 그 기대치는 현재 브라우저가 소화할 수 있는 것 이상이죠. 더 좋든 나쁘든, 혹은 복잡하든 간단하든, 이것이 우리가 웹에 제스처를 구축하는 방법입니다. 브라우저의 터치 모델이 너무 복잡하므로 당분간은 네이티브 앱이 제대로 된 인터랙션의 놀이터로 남아 있을 가능성이 큽니다. 이런 독점적인 환경에서 혁신은 일어날 것입니다. 표준이 이를 따라잡을 때까지는 말이죠. 그리고 의심의 여지 없이 언젠가는 그런 날이 올 것입니다. 그 날이 올 때까지 비록 터치 이벤트가 골머리를 썩이더라도, 브라우저에서 터치와 제스처를 쓸 수 있도록 하는 데 노력을 기울이는 것은 충분히 가치 있는 일입니다. 새로운 수단은 새로운 인터랙션을 필요로 한다는 것을 이제까지 반복적으로 확인했습니다. 그리고 이 장에서 그 메시지가 어떤 식으로 실현되는지를 보여주려 노력했습니다. 하지만 제스처를 디자인하고 실행하는 일은 우리가 가야 할 여정의 고작 반 정도일 뿐입니다.

 인터페이스를 위한 제스처를 파악했으니, 이제는 사용자가 제스처를 어떻게 찾을 수 있을지를 고민해야 합니다. 이것이 다음 장의 주제입니다.

디스커버리

야호, 드디어 제스처 작업이 끝났습니다! 그런데, 음… 사용자도 그것을 알고 있을까요? 제스처는 사람들이 발견할 수 있어야만 유용하게 쓰입니다. 그렇지 않으면 보물찾기가 되어서 이를 찾으려고 혈안이 되었거나 운이 좋은 사람만이 사용할 수 있게 되죠. 그리고 안타깝게도 대부분의 사용자는 그 어느 쪽에도 해당하지 않습니다. 버튼은 이름만 봐도 어떤 액션을 위한 것인지 쉽게 알 수 있지만, 제스처는 눈에 보이지 않는다는 문제점이 있습니다. 만약 인터페이스가 제스처를 명확하게 소개할 수 없다면, 사람들이 이를 찾을 수 있도록 반드시 도와주어야 합니다. 이 장에서는 제스처 그 자체가 애매할지라도 직관적으로 **보이도록** 하는 묘책에 대해 알아보려 합니다. 잡지, 고문서, 비디오 게임과 같은 다양한 자료를 통해 구구절절 설명하지 않아도 알 수 있는 UI의 핵심을 찾아보겠습니다. 이 모든

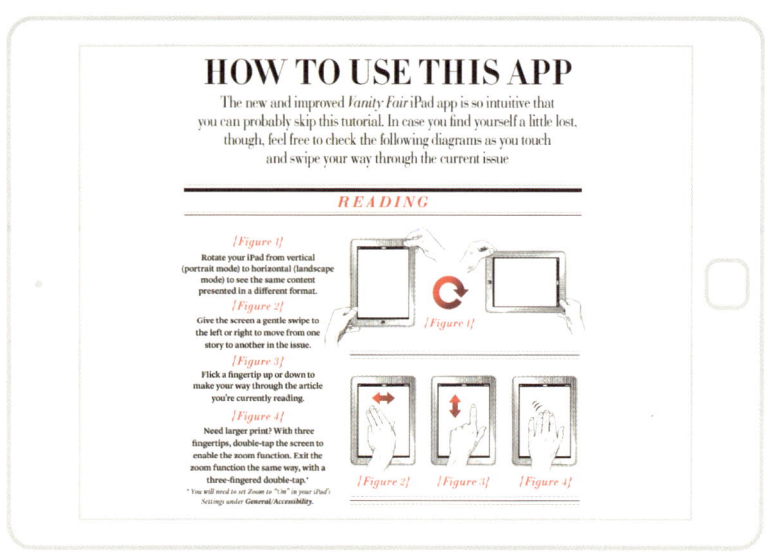

그림 5.1 배너티 페어Vanity Fair가 출시한 아이패드 앱의 사용 설명서는 매우 복잡해서 앱이 약속한 '직관적인' 경험은 전혀 없다는 것을 보여줍니다.

것은 발견할 수 있는 인터페이스를 위한 기준점을 보여줍니다. 즉, 인터페이스 자체가 주어진 컨텍스트 안에서 딱 맞는 타이밍에 자연스럽게 가르쳐주기 때문에 따로 매뉴얼이 없어도 됩니다.

먼저 알려주는 것은 답이 아니다

너무나 많은 디자이너가 고민하지 않고 매뉴얼이나 FAQ를 선택하며, 세 손가락 스와이프나 다섯 손가락 핀치pinch처럼 제스처를 세세하게 설명하는 오버레이를 정성 들여 만듭니다. 이런 가이드는 좋은 참고 자료이지만, 학습 도구로는 최악이죠. 너무 일찍 지나치게 많은 내용을 보여주면 앱이나 웹사이트가 실제보다 훨씬 사용하기 복잡하다는 인상을 주어서 사용자에게 부담을 줍니다(그림 5.1).

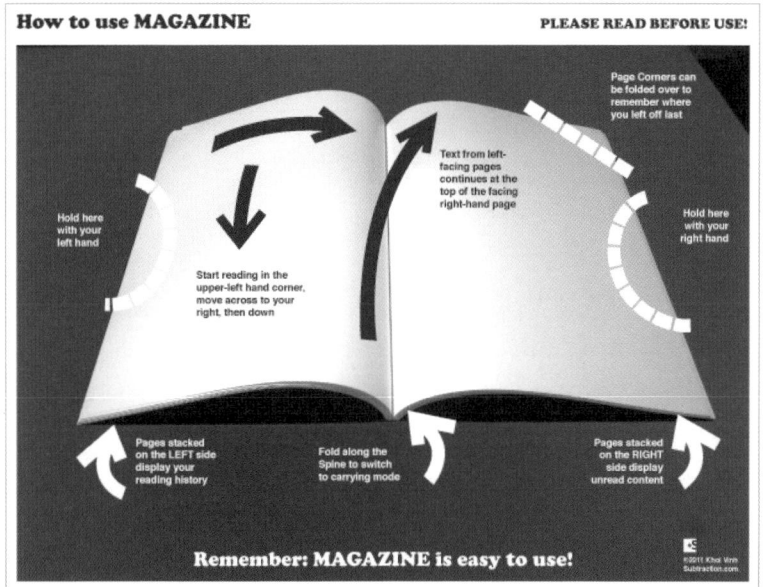

그림 5.2 실물 잡지에 아이패드 잡지 앱처럼 사용법이 덧붙어 있다면 어떨까요? 디자이너 코이 빈 Khoi Vinh이 제작한 이 재미있는 이미지는 아름답게 제작된 인터페이스가 설명서로 뒤덮이면 얼마나 복잡해지는지를 잘 보여줍니다.

사람들은 설명의 양뿐만 아니라 그 존재 자체만으로도 흥미를 잃습니다. 신규 사용자는 무엇인가를 하려고 웹사이트나 앱을 방문 하는데 사용 설명서는 우회로 같은 느낌을 줍니다. 이것을 읽으면 원하는 것을 더 빠르게 얻을 수 있지만, 문제는 우리가 모두 이런 과 정을 못 견딘다는 것입니다. 우리는 사용 설명서를 절대로, 결단코 읽지 않기 때문에 매일 쓰는 물건인데도 그 사용법을 완벽하게 아 는 사람은 거의 없습니다. 그러므로 사용 설명서나 비디오를 사용 자 경험의 전면에 제시하기보다는 사용자가 마음껏 만져보고 시험 해볼 수 있도록 하는 것이 더 의미 있습니다. 나중에 효과적으로 프 로젝트에 적용하기 위한 기술에 대해 검토할 것입니다. 하지만 먼저 인터페이스 메타포를 제대로 잡기만 해도 모든 사람이 쉽게 이해할 수 있다는 것을 기억해 두세요.

스큐어모픽 디자인: "사용법은 이미 알지"

앞장에서 살펴봤듯이, 인터페이스 요소가 실제 물건과 비슷하게 보이거나 작동하면 사람들은 그대로 인터랙션하려고 할 것입니다. 같은 이치로 제스처는 실제 액션과 다를수록 발견하기가 더 힘들어집니다. 이러한 가이드라인은 '스큐어모픽 디자인 skeuomorphic design'의 효과를 잘 보여줍니다. 스큐어모픽 디자인이란 실제 물건처럼 보이는(가능하면 동작까지) 디지털 인터페이스를 말합니다. 책으로 보이는 인터페이스의 경우 다음 콘텐츠로 넘어가려면 페이지를 스와이프해야 하는 듯이 보입니다. 메타포는 겉으로 잘 드러나지 않는 기본적인 인터랙션에 시각적 디자인을 일치시키는 단순한 방법을 통해 사람들에게 사용법을 알려줍니다. "아, 손잡이(혹은 책, 마이크, 새 총)이군. 어떻게 쓰는지는 이미 알고 있지."

하지만 디자이너가 이 메타포를 제대로 적용하지 않으면 스큐어모픽 디자인은 설명을 위한 방책의 역할을 못 하고 문제에 부딪히게 됩니다. 아이패드가 소개된 후 일 년 반 동안 캘린더 앱은 가죽 제본의 다이어리처럼 보였지만 실제 다이어리처럼 동작하지는 않았습니다. 실물과 흡사하게 생겼지만, 페이지를 넘기려는 사용자의 스와이프에 아무런 반응도 보이지 않았기 때문이죠. 최초 연락처 앱은 캘린더와 마찬가지로 반응하지 않았을 뿐만 아니라 훨씬 심각한 문제가 있었습니다. 사용자가 전화번호부를 넘기려고 페이지를 스와이프하면 콘텐츠가 삭제되어비렸죠(그림 5.3).

이렇듯 시각적 디자인이 인터랙션 디자인과 일치하지 않을 경우, 사용자를 잘못된 방향으로 안내해 위험한 결과를 낳게 됩니다. 디

그림 5.3 최초의 아이패드용 연락처 앱은 전화번호부처럼 보였지만 그렇게 작동하지 않았습니다. 페이지를 넘기기 위해 스와이프하면 연락처를 삭제하는 액션이 실행되었죠. 헉!

디자이너는 자신이 만든 인터페이스 메타포가 보이는 대로 인터랙션할 수 있게 만들어야 합니다. 페이지를 넘길 수 있을 듯해 보이는 디자인이라면 사용자가 그렇게 할 수 있도록 해야 합니다. '작동하게' 할 수 없다면, 작동할 것처럼 '보이게' 만들지 마세요.

'시각적 묘사 looks like'와 '행동적 묘사 acts like'의 일치는 예술가와 디자이너가 수 세기 동안 장난스럽게 실험해 온 것에서 출발하고 진화합니다. 수도사들은 채색 필사본이 돌돌 말리고 휘어 보이도록, 혹은 종이가 쌓인 듯한 일루전을 만들기 위해 3차원적인 트롱프 뢰유 trompe l'œil[1] 효과를 그려 넣었습니다(그림 5.4). 근래에는 1980년대의 인

---

[1] 트롱프 뢰유(trompe l'œil): 실물로 착각할 정도로 정밀하고 생생하게 묘사한 그림

디스커버리

그림 5.4 '시간의 책'을 만든 15세기 디자이너는 마치 내용이 두루마리 양피지에 쓰인 것처럼 보이도록 페이지를 그렸습니다. 이전 시대의 기록 양식을 흉내 낸 재미있는 시도입니다. 아마 그림에 속아서 두루마리를 펼치려고 시도한 사람은 없었을 것입니다. 하지만 터치스크린이라면 이야기가 달라집니다. (이미지 출처: 리에 주립 대학 도서관The Bibliothèques de l'Université de Liège)

터랙티브 디자이너가 매킨토시 및 기타 그래픽 인터페이스용 UI 요소로서 계산기, 달력, 책 등을 재탄생시켰습니다(그림 5.5). 역사적으로 볼 때 우리는 이처럼 화려한 시각적 모사를 장식적인 요소 즉, 해로울 것 없는 눈요깃거리로 생각해왔습니다. 그 어떤 직접적인 인터랙션도 기대하지 않았습니다. 왜냐하면, 책처럼 생긴 데스크톱 인터페이스는 데스크톱 스타일 버튼으로 작동해야 한다는 것을 알고 있었기 때문이죠. 하지만 이런 시각적 놀이가 터치스크린과 만나면 우리는 그 안으로 깊이 빠져들게 됩니다. 터치가 주는 물성은 아무런 일루션도 없는 듯한 일루션을 만들어낸다는 것을 기억하세요.

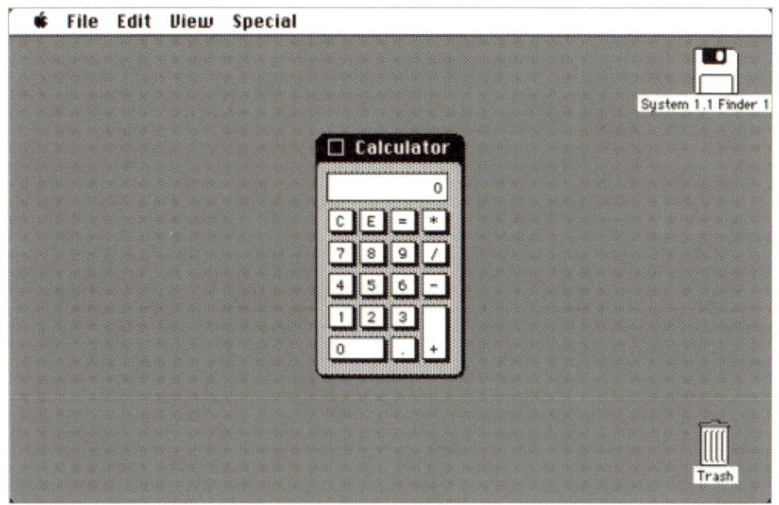

그림 5.5 우리는 1980년대 초 데스크톱 시절부터 '시각적 모사' 게임을 해왔습니다.

실제 물건처럼 보이는 터치스크린 인터페이스가 그 물건처럼 동작하지 않으면, 사용자를 혼란스럽게 하거나 잘못된 방향으로 안내할 수 있습니다.

디자인이 납작하게 망가질 때

'시각적 모사'를 '행동적 모사'와 별개로 취급할 수 없다면, 그 반대의 경우는 어떨까요? 만약 인터페이스가 물리적 요소처럼 동작하지만, 그것처럼 보이지 않아도 괜찮을까요? 많은 디자이너가 실제 물건의 모양새를 화면으로 가져오는 것을 미학적으로 우스꽝스럽다고 여기고, 스큐어모픽 디자인은 촌스러울 수 있다고 생각합니다. 하지만 터치스크린 요소에 '시각적 모사'를 전혀 고려하지 않는 것은 그저 보이는 것뿐만 아니라 그 이상을 너무 단순하게 만들어

디스커버리 **199**

버립니다. iOS에서 이와 관련한 교훈을 얻을 수 있습니다.

2013년 애플은 윈도우 덕분에 보편화된 플랫 디자인flat aesthetic [2]을 iOS 7에 적용하여 출시했습니다. 애플은 스큐어모픽 요소를 가차 없이 잘라냈죠. 버튼은 꾸밈없는 텍스트로 바뀌었고, 슬라이더는 납작한 블록 형태로 변했으며, 카드에서 테두리와 그림자가 사라졌습니다. 이 과정에서 디자이너들은 물성을 나타내는 그림자, 광택, 조명 효과와 같은 '경박한' 장식을 의도적으로 피하면서 콘텐츠와 시각적 효율성에 중점을 두려고 노력했습니다. 목표는 의미 있었지만 그 구현 방식은 이해하기 어려웠죠. 이전 버전을 경험해본 애플 사용자는 평평해진 위젯의 작동법을 알고 있었지만, 신규 사용자가 찾을 수 있는 시각적인 힌트는 거의 없었습니다. 슬라이더는 미끄러지고, 카드는 휙 뒤집히는 등 위젯의 작동 방식에는 여전히 물성이 존재했지만, 어느 것이 슬라이더이고 카드인지는 시행착오를 겪어야만 알 수 있었습니다. 더 심각한 문제는 버튼과 같은 기본 요소조차도 발견할 수 없게 되었다는 것입니다. 마치 인터페이스가 납작하게 눌리면서 다양한 가능성까지도 찌부러진 듯했죠.

스큐어모픽 요소를 없애려 한다면 다른 방식으로 설명해야 합니다. 시각적인 힌트나 애니메이션같이 눈에 크게 띄지 않는 방식으로 제안할 수 있습니다. 윈도우 운영체제는 오프스크린(화면 밖 영역) 타일 일부를 화면에 보여줌으로써 수평 타일 그리드인 파노라마를 스와이프하고 스크롤할 수 있다는 것을 알려줍니다(그림 5.6). iOS의 '밀어서 잠금 해제' 슬라이더는 글자에 빛이 흐르는 애니메이션을 입혀서 왼쪽에서 오른쪽으로 스와이프하도록 유도하는 모션 큐motion cue를 이용합니다. 나중에 애플의 플랫 디자인은 헐벗은

---

2 플랫 디자인(Flat design): 2012년경부터 유행한 웹 디자인 스타일로, 미니멀리즘에 뿌리를 두고 있다. 그림자, 텍스처, 반사, 그라디언트와 같은 심도나 차원을 나타내는 요소를 없앤 평면에 붙은 듯한 디자인.

그림 5.6 윈도우 파노라마에서 오른쪽 에지의 잘린 타일은 스와이프나 스크롤 가능성을 보여줍니다.

듯한 버튼에 연한 윤곽선을 입히는 옵션을 운영체제에 다시 탑재했습니다.

    이렇듯 윈도우의 예에서 볼 수 있는 시각적인 개입aesthetic interventions과 iOS에서 사용된 모션 큐가 인터랙션의 단서를 제공하므로 인터페이스가 실제 물건처럼 보일 필요는 없어집니다. 윈도우의 슬라이딩 타일이나 iOS의 클리어 투두Clear to-do 앱의 리스트 아이템과 리스트 끝에 다다랐을 때 iOS가 보여주는 가벼운 반동을 떠올려봅시다. 이러한 디지털 요소 중 어떤 것도 실제 물건처럼 보이지 않지만 물리학에 따라 동작합니다. 물성의 일루션은 실물처럼 보이느냐가 아니라 동작하느냐에 달려있습니다. 사실, 너무 실물처럼 보이게 만드는 것은 위험이 따릅니다.

곧이곧대로 만들지 말라

인터페이스를 실제 물건과 지나치게 '사실'직으로 만들면 디지털이기에 가능한 것을 놓치게 되는 리스크가 생깁니다. 예를 들어, 1세대 잡지 태블릿 앱은 종이 잡지의 사용 양식을 거의 그대로 따른 탓에 PDF 파일과 별반 다를 것이 없었습니다. 이것은 너무나 단순해서 앞뒤로 스와이프하는 것이 전부였으며, 디지털의 핵심이라 할 수 있는 콘텐츠로의 쉬운 접근성을 전혀 활용하지 않았죠. 게다가 이 중 대부분은 목차를 찾기 어려워서 읽고 싶은 콘텐츠로 바로 이동할 수도 없었습니다. 물리적 메타포를 지나치게 곧이곧대로 받아들여서 오히려 퇴보한 듯 느껴졌습니다.

물리적 비유를 디지털용으로 개선하라

실제 물건이 못하는 것을 인터페이스에서 가능하도록 하세요. 하드웨어 버튼이 터치스크린으로 대치된 혁신은 산업 디자인의 전통적인 물리학을 굴복시켰습니다. 이로써 디바이스를 무엇으로든 변할 수 있는 변신의 귀재로 만들었습니다.

시드니 모닝 헤럴드Sydney Morning Herald의 아이패드 앱은 언뜻 보면 생김새나 동작이 종이 버전과 비슷합니다. 하지만 화면 하단의 점으로 표시된 페이지 인디케이터를 탭하면 각 페이지의 모든 머리기사 미리보기를 제공합니다. 그 점을 슬라이드하면 페이지를 일일이 스와이프하지 않고도 그 날의 모든 기사를 스캔할 수 있으며 원하는 기사로 바로 이동할 수 있습니다(그림 5.7). 이 앱은 종이 신문의 친숙함과 디지털의 효율성을 접목하여 한 장씩 넘겨보는 아날로그식 경험의 한계를 벗어났습니다.

헤럴드 앱을 통해 알 수 있는 것은 물리적인 노하우만으로는 사용하기 쉬운 인터페이스를 만들기 어렵다는 것입니다. 마우스 사용

그림 5.7 시드니 모닝 헤럴드의 아이패드 앱은 페이지를 넘기는 경험을 가장 중요하게 내세우지만, 화면 하단 컨트롤을 통해 사용자가 신속하게 머리기사를 둘러볼 수 있도록 합니다.

경험 또한 기대치에 영향을 미칩니다. iOS 지도 앱을 처음 사용하는 사람은 두 번 탭하면 지도가 확대된다는 것을 쉽게 알아차립니다. 데스크톱 구글맵에서 경험했던 두 번 클릭을 통해서죠. 하지만 전혀 사용해본 적이 없거나 가늠할 맥락이 없는 제스처를 맞닥뜨리면 사용자는 헤매게 됩니다. iOS 지도 앱에서 두 손가락으로 한 번 탭하면 지도가 축소된다는 것을 아무도 모르는 것과 같은 이치입니다 (정말 된답니다). 지금까지 디지털이든 실제 지도이든 이런 제스처를 시도해보라고 제안한 적이 없었습니다. 제스처가 이제까지의 사용자 경험과 매치하지 않는다면, 제스처는 추상적 존재가 되고 이를 찾기 위해서는 대번에 알 수 있는 도움이 필요하게 됩니다.

디스커버리

노골적으로 도와주는 것이 나쁜 것은 아니죠. 디자이너들이 "설명이 필요한 인터페이스는 실패작이다"라고 말하는 것을 들은 적이 있는데, 이는 사실이 아닙니다. 기본 기능은 처음 사용할 때부터 쉽고 명쾌해야 하지만, 고급 기능은 항상 간단한 설명이 필요합니다. 잘 만들어진 인터페이스에서조차 말이죠. 가장 좋은 학습은 직접 해보는 와중에 이뤄지는데 이는 FAQ와 도움말 화면이 실망스러운 이유 중 하나입니다. 점진적으로 컨텍스트 안에서 알려주는 것이 더 나은 방법입니다. 다행히도 다음과 같이 이를 배울 수 있는 좋은 방법이 있습니다.

비디오 게임을 하자

비디오 게임 디자이너는 익숙하지 않은 인터페이스를 가르치는 데 능숙합니다. 많은 게임에서 플레이어는 자신의 능력이나 마주하게 될 장애물은 고사하고 목표가 무엇인지도 모르는 채 게임을 시작합니다. 플레이어는 이런 것을 어떻게 배울까요? 매뉴얼을 읽거나 스크린캐스트 screencast [3]를 보는 방식이 아니라, 게임을 직접 하면서 배웁니다. 게임 그 자체가 플레이하는 방법을 가르쳐주고 그 안에 빠져들게 하는 도구인 셈이죠. 또한, 플레이어가 기본을 습득하면 고급 기술을 보여줍니다. 이를 위한 기술은 다양하지만 게임은 코칭, 레벨 업, 파워 업을 주로 사용하고 있습니다.

---

3 스크린캐스트(screencast): 컴퓨터 화면 출력의 디지털 녹화를 가리킨다. 이는 '비디오 스크린 캡처'라고도 하며 오디오 내레이션을 종종 포함한다. 스크린샷이라는 용어와는 구별하는데, 스크린샷은 컴퓨터의 한 화면의 사진을 만들어내는 반면 스크린캐스트는 시간의 경과에 따라 화면에 나타나는 동영상을 말하며, 오디오 내레이션을 포함할 수 있다. (출처: 위키백과)

코칭 Coahing

백문이 불여일견이라는 옛 속담이 있습니다. 이 말은 악기 연주나 테니스를 배우는 최고의 방법은 책이 아니라 다른 사람의 연주나 플레이를 보고 따라서 연습하는 것이다라는 의미입니다. 학습에 대한 모든 현대 이론은 도움이 곁들여진 직접적인 참여와 발견이 중요하다고 강조합니다. 우리가 직접 해보는 그 순간에 가장 잘 배울 수 있다는 뜻이죠. 이것이 코칭이고, 스스로 익히는 인터페이스가 되는 가장 좋은 방법입니다. 게임은 이러한 접근법을 반복해서 사용합니다. 코칭은 플레이어와 게임을 같이 하면서(또는 사용자와 함께 웹사이트를 돌아다니면서) 유용한 기술을 적절한 시점에 선보이는 것입니다. 데드 스페이스 Dead Space의 아이패드용 버전은 첫 화면에서 캐릭터를 움직이는 방법을 오버레이 overlay로 보여준 후 사용자 스스로 해보도록 유도합니다(그림 5.8). 방 안을 이리저리 돌아다니다 보면 오버레이는 사라집니다. 사용자가 방법을 숙지한 시점과 새로운 것으로 넘어가야 할 시점을 아는 것은 코칭의 가장 중요한 부분 중 하나입니다.

'설명 없이 일단 해보는 것'이 '말없이 보여주는 것'보다 낫습니다. 데드 스페이스는 배우는 그 순간에 연습하게 되므로 설명과 행동이 동시에 일어납니다. 이 방법과 많은 모바일 앱에서 시작하는 전형적인 튜토리얼 tutorials을 비교해봅시다. 이런 튜토리얼은 주요 기능과 컨트롤, 혹은 제스처를 콘텐츠 및 실제 앱 사용과 동떨어진 상황에서 정적인 static 화면으로 설명합니다(그림 5.9).

튜토리얼은 제스처를 시각적 기억에 의존하여 배우게 합니다. 반면에 실제로 해보는 데드 스페이스는 제스처를 훨씬 효율이 높은 근육 기억을 통해 배우게 합니다. 다시 한번 말하지만, 물리적인 액션을 배우는 가장 기초적인 방법은 반복입니다. 특정 조건이 충족

그림 5.8 달리기 전에 걷는 법을 배워야 합니다. 데드 스페이스는 게임의 첫 화면에서 어떻게 움직이는지를 오버레이를 통해 아주 간단히 코칭합니다. 애니메이션 된 손은 십자가 모양으로 움직이며 사용자가 따라 하도록 유도합니다.

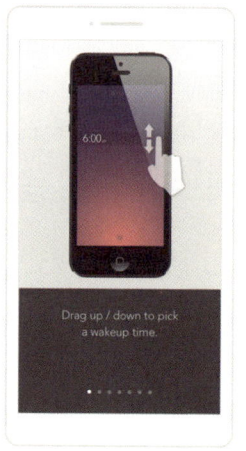  

그림 5.9 단순한 알람 시계 앱인 라이즈Rise는 알람 설정 제스처를 정적인 이미지로 보여줍니다.

그림 5.10 iOS의 메일박스 앱의 튜토리얼에는 '다음' 버튼이 없습니다. 다음으로 넘어가기 위해서는 사용자가 해당 제스처를 완료해야 합니다.

될 때까지 시연과 연습을 반복하는 것이죠. 제스처를 가르칠 때 초기에 자주 움직임을 반복하게끔 하세요. 메일박스Mailbox(그림 5.10)와 닷츠Dots(그림 5.11)의 튜토리얼은 이 기본을 잘 따르고 있습니다. 사용자가 각 제스처에 익숙해질 때까지 반복적으로 연습하게 되어 있습니다.

하지만 튜토리얼은 워크스루walkthrough[4]만 못합니다. 메일박스와 닷츠의 튜토리얼은 컨트롤을 가르치는 데는 효과적이지만, 실제로

---

[4] 워크스루(walkthrough): 누군가에게 무엇인가를 차근차근 설명해주거나 리허설하는 것, 또는 무엇인가를 쉽게 보여주는 것을 말한다. 공장 견학이나 비디오 게임의 전략 가이드나 가상 투어 등이 이에 속한다. 소프트웨어 엔지니어링에서도 사용되는 용어다.

디스커버리 **207**

그림 5.11 게임 앱 닷츠의 튜토리얼은 게임에서 꼭 필요한 기술인 점 연결하기를 알려줍니다. 사용자가 점을 연결하는 과제를 완료해야만 다음 안내로 넘어갑니다.

앱을 사용하기 전에 거쳐야 하는 관문처럼 앱과 동떨어진 느낌을 줍니다. 데드 스페이스에서 워크스루는 앱이나 사이트의 실제 작업 환경과 상황에 맞춰 치밀하게 연출된 투어로써 메일박스와 닷츠의 튜토리얼을 능가합니다. 이는 마치 보조 바퀴처럼 넘어지지 않게 하면서도 원하는 대로 움직일 수 있도록 돕습니다. 예를 들어, 노트 작성 앱인 노티드Noted는 사용자가 정해진 단계에 따라 첫 노트를 만들고 편집하도록 합니다(그림 5.12).

페이스북의 페이퍼 앱은 정해진 경로에서 벗어나 마음껏 자유롭게 앱을 만져보게 합니다. 스스로 이것저것 해보다가 주요 인터랙션과 맞닥뜨렸을 때 설명을 해줍니다(그림 5.13). 화면에서 제스처가 어떻게 작동하는지 애니메이션으로 보여주며 움직임을 따라 하도록 권합니다(시연과 연습!). 앱이 권하는 대로 따라 할 수도 있고 하지 않을 수도 있습니다. 사용자 마음에 달린 것이죠. 이 방식이 워크스루 중 가장 효과적이며 사용자에게 친절한 게임에서 가장 많이 사용되는 것입니다.

이 모든 코칭 예제는 텍스트와 라벨을 통해 제스처를 설명하고

그림 5.12 노티드의 워크스루는 사용자를 미리 설정된 경로로 안내하여 첫 노트를 생성하도록 합니다. 원 모양의 애니메이션이 어디서 스와이프와 탭을 해야 하는지 알려줍니다.

그림 5.13 페이퍼는 사용자가 새로운 기능을 발견할 때마다 애니메이션, 글자, 그리고 음성을 통해 사용 방법을 알려줍니다.

있지만 애니메이션처럼 세밀한 방법을 통해 기능에 대한 힌트를 줄 수도 있습니다. 맨 처음으로 USA투데이가 아이폰 앱을 출시했을 때 화면 상단에 채널 변경용 다이얼을 두었습니다. 하지만 많은 사람이 그 다이얼이 움직인다는 것을 몰랐고, 몇 개 되지 않는 섹션만 앱에 실린다고 생각했습니다. 그래서 디자이너는 애니메이션을 추가

그림 5.14 USA투데이는 다이얼 형식의 내비게이션에 애니메이션을 추가함으로써 이 컨트롤의 작동 방식에 대한 사용자 인식을 극적으로 향상시켰습니다.

했습니다. 메인 화면을 방문할 때마다 다이얼이 오른쪽에서 나오는 것 같은 애니메이션을 만들었죠(그림 5.14). "어이, 저거 움직이네, 내가 해도 움직이려나?" 작전은 성공적이었습니다. 앱이 컨트롤의 움직임을 시범적으로 보여주자 혼란은 사라지고 디자이너가 의도했던 대로 방문자도 다이얼을 스와이프했습니다. 사용자가 스스로 다이얼을 한 번 움직여보면 앱은 트릭을 배운 것으로 판단해 자동으로 실행되던 애니메이션을 더는 보여주지 않았습니다.

실수는 가르침의 기회입니다. 코칭은 사용자가 무엇을 하는지뿐 아니라 무엇을 못하는지도 관찰하는 것입니다. 스마트한 코칭은 사용자가 실수를 저질렀을 때 재빨리 달려와 설명을 해줍니다. 시티아Citia는 콘텐츠를 카드 형식으로 구성한 웹 기반 플랫폼입니다. 카드를 오른쪽으로 넘겨 많은 양의 콘텐츠를 빠르게 둘러보도록 합니다. 사용자가 잘못된 방향으로 스와이프하려고 하면 카드가 스와이

그림 5.15 인터랙션이 멈춘다는 것은 사용자가 어찌할 바를 모른다는 의미입니다. 첫 화면에서 몇 초 동안 책 표지를 스와이프해서 넘기지 않으면 유령 손이 나타나 무엇을 해야 하는지 가리킵니다.

프했던 '잘못된' 방향으로 따라갔다가 올바른 방향으로 되돌아옵니다. 앱이 올바르지 않은 동작이었음을 보여주고 정확한 사용법 또한 알려주는 것이죠. 이 앱은 사용자의 의도를 존중하면서도 실수를 수정해줍니다.

사용자가 인터랙션을 그만두는 것도 어떠한 문제가 발생했다는 잠정적 징후일 수 있습니다. 또는 적어도 사용자가 다음에 무엇을 해야 하는지 잘 모르고 있다는 것을 나타냅니다. 여기서도 상냥한 애니메이션이나 다른 힌트를 사용하면 사용자에게 무엇을 해야 하는지 보여주는 데 도움이 됩니다. 동화책 앱인 '미스터 레스모어의 환상적인 책 여행The Fantastic Flying Books of Mr. Morris Lessmore'은 스와이프로 책 표지를 열면서 시작됩니다(그림 5.15). 앱 실행 후 몇 초가 지나도 표지가 넘어가지 않으면, 애니메이션 이미지가 나타나 스와이프하도록 유도합니다. 최고의 교수teaching 인터페이스는 사용자의 활동, 비활동 그리고 전반적인 학습 진행 상황을 파악하고 그에 따라 지침을 조정합니다. 여기서 레벨 업이 등장하게 됩니다.

레벨 업

한 번에 모든 것을 가르치지 마세요. 현대 교육 이론은 일정량을 가르치는 깃을 지지합니다. 기초를 토대로 실력을 쌓고, 학생의 실력이 향상됨에 따라 다음 내용을 알려주는 것이죠. 게임은 자주 이 지침을 있는 그대로 따릅니다. 새로운 기술을 기준으로 명확한 레벨로 게임 과정을 나눕니다. 대부분의 앱이나 사이트를 게임처럼 선형적인 단계로 나눌 수는 없지만 학습 곡선은 비슷합니다. 사용자가 인터랙션을 마주쳤을 때 기본적인 인터랙션을 먼저 알려준 후 복잡하고 추상적인 제스처를 소개해주세요. 사용자가 고급 제스처를 스스로 발견하면 그것도 사용할 수 있도록 해야 합니다. 레벨은 사용자를 새로운 것에 접하지 못하게 만드는 것이 아니라, 사용자에게 알려주는 시기를 정하는 것입니다.

새로운 기술을 배우겠다는 의지가 가장 강한 순간은 그 필요성을 느낄 때입니다. 엄청난 검을 휘두르는 살벌한 거인에게 달려들어야 하는 순간처럼 말입니다. 인피니티 블레이드^{Infinity Blade}는 거칠고 정교한 전투 시스템을 갖춘 iOS 게임이지만, 요소를 나누어 한 번에 한 단계씩 가르치기 때문에 쉽게 배울 수 있습니다. 거인이 플레이어의 머리를 내리치려 하는 그 순간, 게임은 화면을 잠시 멈추고 이 위기 상황을 극복하기 위해 알아야 할 것을 보여줍니다(그림 5.16).

다시 말하지만 중요한 것은 시연과 연습입니다. 인피니티 블레이드는 사용할 제스처나 컨트롤을 보여준 다음 사용자에게 시간을 주고 기다립니다. 사용자가 새로운 제스처를 쓰면 액션이 실행되고… 첫 번째 인터랙션에 성공합니다. 아주 중요한 인터랙션이라면 하던 것을 잠시 멈춘 다음 사람들에게 제스처를 계속 시도하도록 강요하는 것도 나쁘지 않습니다.

이 접근법은 애플이 OSX라이언^{OSX Lion}을 소개할 때 사용되었습니다. OSX라이언은 소프트웨어 업데이트로 이때 스크롤 방식이 변

그림 5.16 한 번에 한 스킬씩: 인피니티 블레이드는 엄청나게 적절한 타이밍에 게임을 잠시 멈추어 특정 기술을 익히도록 합니다. 방어 기술을 배우고 나면(위), 공격을 피할 수 있게 되는 식이죠.

경되었습니다. 가상 중력의 방향을 거꾸로 뒤집어 놓았기 때문에 기존 맥 사용자는 수십 년 동안 익숙하게 사용하던 방식과 반대로 마우스나 트랙패드를 움직여야 했습니다. 이 제스처를 가르치기 위해 애플은 소프트웨어를 설치할 때 다이얼로그 박스를 보여줬죠. 다이얼로그 박스는 변경된 내용을 설명하고 테스트 삼아 스크롤을 해보도록 권유했습니다. 사실, 이것은 '계속' 버튼을 활성화하는 유일한 방법이었기 때문에 **무조건 스크롤을 해야만 했습니다**. 스크롤하고 버튼을 누르면 짜잔! 방금 애플 운영체제 레벨 1을 통과했습니다.

이제 별도의 도움 없이 스스로 해볼 준비가 되었습니다. 새로운 도전을 만나고 새로운 연습이 필요해지기 전까지는 현재의 '레벨'에서 갓 배운 기술을 계속해서 사용하세요. 앱에도 레벨 개념을 적용해 생각해보세요. 사람들이 초보에서 숙련가로, 그리고 전문가 단계로 옮겨갈 수 있도록 동기를 부여하고 싶겠죠. 그렇다면 어떻게 기본 사항을 가르치고, 그것이 끝나면 어떻게 고급 기술로 옮겨가도록 할 수 있을까요? 우리는 앱과 웹사이트에는 당연히 레벨이 하나만 있는 것으로 여기고 그저 한 번, 짧게 소개하고는 사용자를 소프트웨어라는 추운 야생에 혼자 덩그러니 남겨놓습니다. 레벨 업 개념을 받아들인다는 것은 사용자가 숙련될 때까지 여정을 함께하고 가르치는 것을 의미합니다. 그리고 가끔 사용자가 이루어 내는 성과에 대해 보상을 해야 합니다.

파워 업

게임에 능숙해지면 플레이어는 파워 업 요소를 얻습니다. 속도 향상이나 특별한 능력을 통해 플레이에 약간의 추진력을 얻게 됩니다. 비디오 제스처가 터치에서의 바로가기라면 파워 업은 게임에서의 바로가기입니다. 이 바로가기는 누구든 사용할 수 있지만 숙련가 손에 들어갈 때 더욱 효율적이죠. 파워 업은 새로운 능력의 습득을 넘어서 게임 레벨을 통과했다는 표식인 보상이기도 합니다. 추상적이거나 고급 제스처를 가르치는 것은 이런 파워 업을 제공하는 것과 같으며 사용자에게 게임에서와 비슷한 약간의 흥분과 만족감을 줍니다.

트위터가 2011년 말에 아이폰 앱을 재정비할 때, 추상적인 제스처를 드러내기 위한 파워 업 기회를 놓쳤습니다. 새롭게 디자인된 트위터는 다이렉트 메시지direct messages(DMs)를 주요 내비게이션에서 빼내어 '나Me' 탭tab 안으로 더 깊이 묻어 버렸습니다. 이 때문에 DM을 주로 사용하는 사람은 메시지를 확인하려고 할 때마다 두 번씩 탭을 해야 했죠. 이 번거로움을 덜어주고자 트위터는 더 빨리 액세스할 수 있는 제스처를 제공했습니다. '나' 탭에서 위로 스와이프하면 메시지로 바로 이동할 수 있는 바로가기였죠. 그러나 이 사실을 알려주지 않았기 때문에 사용자 대부분은 그런 옵션이 있다는 것

그림 5.17 이 간단한 목업mock-up은 사용자가 다이렉트 메시지로 바로 가는 제스처를 발견할 수 있도록 트위터가 해볼 수 있었던 방법을 보여줍니다. 사용자가 DM 버튼을 열 번 탭하면 앱은 애니메이션 처리된 제스처와 함께 바로가기 사용법을 안내했어야 했습니다.

조차 몰랐습니다.

    바로가기를 가르치기 전에 사용자가 정석대로 차근차근 배우게 하는 것도 중요합니다. 트위터의 경우, '나' 탭을 누른 후 다이렉트 메시지 버튼을 탭하도록 하면 사용자에게 DM이 어디에 있는지를 가르칠 수 있어 앱의 멘탈 모델[5]이 강화됩니다. 하지만 이 과정을 다섯 번이나 열 번 정도 반복했다면 사용자가 그 경로를 충분히 배웠

---

5 멘탈 모델(mental model): 다른 사람의 행동 동기, 사고 과정을 비롯한 감성적, 철학적 배경을 이해하기 위해 그들과 대화하고, 행동 패턴을 도출해 정리한 것. 멘탈 모델은 사용자 리서치 방법의 하나로, 정보구조 설계에 익숙하지 않은 사람에게도 사용자 조사 시 유용하게 쓰일 수 있을 만한 방법이라고 한다. 또한, 멘탈 모델은 디자인뿐만 아니라 일반적인 마케팅을 비롯한 제품 및 서비스 기획과 관련하여 다른 기법과 함께 널리 사용될 수 있다. (출처: 바이널엑스 -UX 디자이너들의 필수 용어 사전, http://blog.naver.com/vinylx/220171087380)

다고 생각해도 괜찮았겠죠. 이 시점에서 인터페이스는 파워 업을 내놓았어야 했습니다. 애니메이션된 데모를 보여주며 바로가기 제스처의 존재를 알리고, 계속 진행하기 위해서는 사용자가 그 제스처를 따라 하도록 해야 했습니다(그림 5.17).

새로운 기술을 배우는 것은 비밀을 알게 되는 것과 같은 즐거움이 있습니다. 우습게 들릴지 모르겠지만 사실입니다. 비디오 게임의 재미는 실력이 더 많이 늘고, 더 빨리 다음 스토리로 넘어가려는 데에 있습니다. 게임에 비하자면 더 평범한 앱의 경우, 스토리라인은 사용자가 앱을 통해 하는 일이나 지금까지 사용한 이력이고, 고급 제스처와 바로가기는 그 일을 아주 멋지게 잘하고 있다고 말해주는 보상이나 다름없습니다. 게임 디자이너처럼 생각하세요. 그러면 '플레이어'는 게임에서처럼 엔도르핀endorphin이 분비되는 느낌을 받게 될 것입니다. 훌륭한 발견 가능성 전략은 안내서가 아닌 상prize처럼 느껴지니까요.

이제부터가 시작

제스처를 가르치게 된 것은 애초부터 다양한 제스처의 표준이 아직 정립되지 않았기 때문입니다. 이 사실로 인해 디자이너와 사용자 모두 신나면서도 부담스러운 시기에 놓이게 된 것이죠. 디자이너로서 우리는 서로 의견을 나누고, 작업을 검토하고, 제스처 규범을 제정하기 위한 아이디어를 공유하고, 이를 공식 문서로 만드는 데 전념해야 합니다. 우리에게는 충분히 자신을 코칭하고, 레벨 업 할 수 있는 능력이 있습니다.

디자이너가 하는 일은 점점 어려워지고 있습니다. 엄청나게 많은 플랫폼을 위한 디자인을 해야 하며, 그 과정에서 끝도 없이 다양한 입력 방법을 처리해야 합니다. 하지만 놀라운 기회는 종종 험난한 도전 과제로 다가오기도 합니다. 바로 지금이 정보와 상호작용하기 위한 보다 인간적인 방법을 만들 기회입니다. 부분적으로는 기술적 노하우(44픽셀 터치 타깃!)를 개선하기 위해 더 깊이 연구해야 하는 순간에 와 있습니다. 하지만 그에 앞서 너무나도 복잡한 모범 사례에서 한발 뒤로 물러나서 발전을 거듭하는 이 매체의 새로운 가능성을 그려내야 하는 시기이기도 합니다. 터치스크린을 손에서 떼지 말고 더 크게 생각하세요. 그리고 놀랄 만한 것을 만들어보세요.

감사의 글

이 책의 출시를 위해 많은 사람이 함께했는데 책 표지에 제 이름만 올라간 것이 송구스럽습니다. 모든 과정을 함께해준 나의 파트너이자 내 안의 생각 뭉치를 책으로 만들어준 놀라운 능력을 지닌 편집자 티나 리Tina Lee에게 큰 감사를 표합니다. 엉켜 있던 글이 정돈된 것은 모두 티나 덕분이었습니다. 진척되지 않을 때는 방향을 제시하고 길을 연결해주었고, 나도 몰랐던 별나고 요란스러운 글쓰기 습관을 가다듬어 주었습니다. 그리고 티나와 함께 어 북 어파트A Book Apart의 카텔 르도Katel LeDû도 근엄해 보이는 손으로 친절히 하이파이브해주며 내가 제대로 작업할 수 있도록 인내심을 가지고 도와주었습니다.

이 책을 시작할 수 있는 용기를 준 맨디 브라운Mandy Brown, 책 작업에 집중할 수 있도록 도와준 제프리 젤드먼Jeffrey Zeldman, 아주 멋진 책으로 디자인해준 제이슨 산타 마리아Jason Santa Maria와 롭 웨이처트Rob Weychert, 그리고 실수투성이인 내 문법을 깔끔하게 정리해준 캐런 리터랜드Caren Litherland에게 감사의 말을 전합니다.

이 책에 실린 생각은 많은 웹사이트와 앱을 디자인하는 동안 발전하고 테스트 되었습니다. 불분명했던 개념이 명쾌한 디자인 원칙으로 변모하는 데는 동료의 덕이 컸죠. 항상 나보다 더 똑똑한 사람들과 일해야 한다는 원칙을 입증해준 이들에게 감사합니다. 그중에서도 이 책의 서문을 써 준(그래서 터치스크린으로 하는 말장난 몇 개를 나보다 먼저 사용해버린) 나의 동반자 브래드 프로스트Brad Frost에게 큰 감사를 표합니다. 그리고 나와 한배를 탄 댄 몰Dan Mall, 제니퍼 브룩Jennifer Brook, TJ 피터TJ Pitre, 조나단 스타크Jonathan Stark, 이단 마르코트Ethan Marcotte, 케빈 호프만Kevin Hoffman, 멜리사 프로스트Melissa Frost, 켈리 쉐이버Kelli Shaver, 로버트 고렐Robert Gorell, 로버트 졸리Robert Jolly, 그리고 크리스티나 프란츠Kristina Frantz에게 감사합니다. 또한, 새로운 기술 적용과 가능성의 한계를 넓히는 게임에 함께해준 클라이언트들에게도 감사합니다. 타임지Time Inc 프로젝트를 성공적으로 이끈 애비 맥이너니Abby McInerney, 테리 에뷰레트Teri Everett, 데이비드 파인David Fine, 오렐리 미디어O'Reilly Media의 사라 윙지Sara Winge와 에디 프리드먼Edie Freedman, 피플 매거진People Magazine의 토니 브랜카토Tony Brancato, 테크크런치TechCrunch의 네드 데즈먼드Ned Desmond와 크리스틴 잉Christine Ying, 스콜라틱Scholastic의 캐시 페라라Cathy Ferrara, 시티아Citia의 사만다 카츠Samantha Katz, 조엘 스머노프Joel Smernoff 그리고 피터 마이어스Peter Meyers에게도 고마움을 전합니다.

저는 저의 영웅들과 친구가 되는 엄청난 행운을 가졌습니다. 생각과 제안에 대한 이들의 너그러움에 감사하고 이 사람들과 내가 함께할 수 있다는 것이 믿기지 않아 자신을 꼬집어 보기도 했습니다. 내 여행 동반자인 루크 로블르스키Luke Wroblewski는 특히나 밤늦은 술자리에서 모바일에 대해 더 현명한 판단을 내릴 수 있도록 만들어 주었습니다. 루크는 미래 지향적이며 영향력을 가진 사람들로 구성된 모바일우드Mobilewood를 결성했는데, 그들은 이 책 전반에 걸쳐 영향을 주었습니다. 모바일우드의 엄청난 브레인인 브래드 프로스트Brad Frost, 라이자 댕어 가드너Lyza Danger Gardner, 제이슨 그릭스비Jason Grigsby, 스콧 젤Scott Jehl, 스콧 옌슨Scott Jenson, 팀 캐들락Tim Kadlec, 제레미 케이트Jeremy Keith, 브라이언 러루Brian LeRoux, 브라이언 레이거Bryan Rieger, 스테파니 레이거Stephanie Rieger, 안드레아 트라새티Andrea Trasatti에게 감사를 전합니다. 그리고 모바일우드에 앞서, 초기에 내가 품었던 터치스크린 디자인에 대한 개념을 현실에 맞게 검증해준 제니퍼 로빈스Jennifer Robbins, 제이슨 파멘탈Jason Pamental, 빌 헤론Bil Herron, 코린돈 룩스무어Coryndon Luxmoore에게도 감사합니다. 폭넓은 대화를 함께하는 똑똑한 내 친구 레이철 힌만Rachel Hinman, 데이비드 배센슬턴David

VanEsselstyn, 칼라 디아나Carla Diana, 러스티 미첼Rusty Mitchell, 로렌 브리치터Loren Brichter, 존 그루버John Gruber, 그리고 나와 여러 가지 실험적 시도를 같이하는(브루클린에서 가장 다정한) 레리 레전드Larry Legend에게 고마움을 표합니다. 그리고 용기를 북돋아준 빌 벅스턴Bill Buxton과 모바일 연구에 지칠 줄 모르고 에너지를 붓는 스티븐 후버 Steven Hoober와 패티 섕크Patti Shank에게도 감사합니다.

　브루클린 작업실을 함께 쓰는 친구들의 열정과 창의성은 나를 매일 성장시킵니다. 모든 작업실 친구에게 감사하고, 특히나 협업 작업실인 프렌즈Friends를 훌륭한 커뮤니티로 키워낸 스위스 미스 티나 로쓰 이덴베르크Swissmiss Tina Roth Eisenberg와 스튜디오메이츠Studiomates를 열정적인 사람들로 채워준 제시 리링턴Jessi Arrington과 크레이튼 머슨 Creighton Mershon에게 감사합니다.

　마지막으로 제 인생에 가장 사랑하는 두 사람인 아내 리자Liza와 딸 니카Nika에게 고마움을 전합니다. 니카의 끝없는 긍정성과 호기심은 저 또한 늘 호기심 어리고 긍정적인 사람으로 만들어줍니다. 그리고 핸드폰과 태블릿을 늘 새로운 방법으로 쓰는 니카를 보고 있자면 우리가 정보와의 상호작용에 대한 고민을 이제 겨우 시작했을 뿐이라는 것을 확인하곤 합니다. 그리고 놀라운 사람인 리사, 당신은 모든 것을 가능케 합니다. 매일같이 내게 가르침을 주고, 도전시키고, 용기를 주며, 설레게 합니다. 최고의 내가 될 수 있도록 늘 도와주는 당신은 나를 세상에서 가장 운이 좋은 사람으로 만들어주었습니다. 이 아름다운 인생을 나와 함께해주어서 감사합니다.

도움이 되는 자료

산업 디자인에서 얻은 영감

이 책은 터치의 물리적 측면에 초점을 맞추는 동시에 터치보다 앞선 수 세기 동안의 산업디자인과 터치디자인과의 연결성을 찾고자 노력해왔습니다. 다음의 책은 이러한 접근 방법에 유용한 기초를 담고 있습니다.

- 헨리 드레이퍼스Henry Dreyfuss 《인간을 위한 디자인Designing for People》 현대 산업디자인의 창시자인 드레이퍼스는 벨Bell 전화 통신, 하니웰Honeywell의 온도조절기, 후버Hoover의 진공청소기를 비롯한 20세기 산업디자인에 중요한 제품을 디자인했습니다. 1955년에 출시된 그의 저서는 산업디자인의 표준을 제시하며 여전히 그 빛을 발하고 있습니다.
- 돈 노먼Don Norman 《디자인과 인간 심리The Design of Everyday Things》 우리의 일상 환경을 둘러보며 재미와 깨달음을 얻게 해주는 책입니다. 이 중요한 책은 우리 주변의 물리석 디자인이 왜 효과적인지, 혹은 그렇지 않은지 그 이유에 대해 지적하고 있습니다.
- 댄 새퍼Dan Saffer 《디바이스 디자인Designing Devices》 간략한 전자책으로 고대에서부터 전해 내려오는 훌륭한 디바이스 인터페이스를 정의한 요소에 관해 살펴봅니다.

인체 공학과 터치스크린

인체 공학human factors은 인체의 능력 및 한계에 맞춰 기술을 실현하기 위한 연구 분야입니다. 이 분야의 핵심은 사람이 물리적으로 그리고 인지적으로 쉽게 익힐 수 있는 '편한' 인터페이스를 디자인하는 것입니다. 다음 연구 자료들은 터치와 관련된 인체공학을 다루고 있습니다.

- 빌 벅스턴Bill Buxton 〈내가 좋아하는 멀티 터치 시스템Multi-touch Systems That I Have Known and Loved〉 정전식 터치스크린을 공동 발명한 UX의 선구자인 빌 벅스턴이 좋은 터치 디자인과 나쁜 터치 디자인에 대해 즉석에서 만든 훌륭한 논문입니다(http://bkaprt.com/dft/06-01/).
- 스티븐 후버Steven Hoober 〈사용자는 실제로 어떻게 디바이스를 잡는가?How Do Users Really Hold Mobile Devices?〉 인체공학과 스마트폰의 다양한 그립별 정확성을 설명하고 있습니다(http://bkaprt.com/dft/01-03/).
- 스티븐 후버Steven Hoober, 패티 섕크Patti Shank 〈쓸모 있는 배움: 우리가 모바일 디바이스를 사용하는 법 Making Learning Usable: How We Use Mobile Devices〉 후버의 이전 연구를 태블릿과 패블릿으로 확장한 것입니다(http://bkaprt.com/dft/01-07/).
- 퀴안 페이Qian Fei 〈엄지손가락을 위한 디자인: 중국인 사용자를 위한 이상적인 모바일 터치스크린 인터페이스Designing for a Thumb: An Ideal Mobile Touchscreen Interface for Chinese Users〉 스마트폰을 위한 부채꼴 모양의 엄지 존을 소개합니다(http://bkaprt.com/dft/01-04/).
- 고든 쿠텐바흐Gordon Kurtenbach, 빌 벅스턴Bill Buxton 〈마킹 메뉴의 사용성User Learning and Performance with Marking Menus〉 제스처 기반인 원형 메뉴의 극적인 사용 속도 향상을 전통적인 선형 메뉴와 비교하여 보여줍니다(http://bkaprt.com/dft/04-05/).

플랫폼 디자인 가이드라인

플랫폼마다 고유한 규칙이 있습니다. 널리 사용되는 터치 운영 시스템의 디자인 가이드라인을 파헤쳐 보세요.

- **iOS 휴먼 인터페이스 가이드라인**iOS Human Interface Guidelines 고차원적인 디자인 원칙부터 개별적 컨트롤의 사용 예시까지 다루고 있으며, 아이폰과 아이패드에서의 좋은 사용자 경험에 대한 애플의 세계관을 담고 있습니다(http://bkaprt.com/dft/06-02/).
- **머티리얼 디자인**Material Design 안드로이드를 포함하여 모든 플랫폼에서 구글이 사용하는 시각 언어입니다. 사이트에서 디자인 철학과 자세한 구현 방법을 설명합니다(http://bkaprt.com/dft/06-03/).
- **윈도우 디자인**Windows Design 핸드폰부터 아주 큰 화면의 컴퓨터에 이르는 디바이스에 사용할 윈도우 10용 앱 제작을 위한 가이드라인입니다(http://bkaprt.com/dft/06-04/).

스마트 워치 가이드라인

몇 가지 제한 사항이 있긴 하지만 이 책의 일반적인 터치 가이드라인은 새로 출시되는 스마트 워치에도 적용됩니다. 애플과 구글의 스마트 워치용 세부 사항을 각각 제공합니다.

- **애플 워치 사용자 인터페이스 가이드라인**Apple Watch Human Interface Guidelines(http://bkaprt.com/dft/06-05/)
- **안드로이드 웨어**Android Wear(http://bkaprt.com/dft/06-06/)

웹을 위한 제스처 코딩

- 보리스 스머스Boris Smus 〈멀티 터치 웹 개발Multi-touch Web Development〉 터치 이벤트를 이용하여 제스처를 코딩하는 기술과 그에 따르는 위험 요소를 소개합니다(http://bkaprt.com/dft/04-11/).
- 크리스 윌슨Chris Wilson, 폴 킨랜Paul Kinlan 〈터치와 마우스Touch and Mouse〉 터치와 커서 인터페이스에서 모두 동작하는 인터랙션 코딩법을 알려줍니다(http://bkaprt.com/dft/06-07/).
- 데이비드 러셋David Rousset 《터치와 마우스 통합하기: 브라우저를 넘나드는 터치 지원을 쉽게 해주는 포인터 이벤트Unifying Touch and Mouse: How Pointer Events Will Make Cross-Browsers Touch Support Easy》 브라우저 종류를 넘나드는 호환성을 가진 포인터 이벤트 코딩법을 보여줍니다.

몇 가지 자바스크립트 라이브러리는 마우스, 터치, 포인터 이벤트의 차이점을 제거함으로써 웹에 제스처를 코딩할 때 생기는 엄청난 어려움을 줄여줍니다.

- **Hammer.js** IE 9 이상 버전을 포함한 최신 브라우저에서 탭, 더블탭, 롱 프레스, 스와이프, 핀치, 로테이트와 같은 제스처를 감지합니다(http://bkaprt.com/dft/06-09/).
- **Hand.js** 마이크로소프트가 만든 라이브러리로, 모든 브라우저에서 포인터 이벤트를 사용할 수 있도록 지원합니다(http://bkaprt.com/dft/04-16/).
- **태피Tappy** 필리아먼트 그룹의 스콧 젤이 만들었습니다. 새로운 하나의 탭 이벤트를 만들어서 터치, 마우스, 키보드 클릭 이벤트의 차이점을 덮어씌워 없앱니다(http://bkaprt.com/dft/04-14/).

터치를 나타내는 표기법

계획 단계에서 제가 제일 좋아하는 도구는 종이와 펜입니다. 생각을 길게 적어 내린 후 이를 화면으로 변환하여 대강 그려보는 것으로 항상 시작하죠. 하지만 이 접근법은 화면을 움직일 수 없다는 단점 때문에 제스처를 표현하기 어렵습니다. 이런 저를 구원해준 똑똑한 사람들이 자세한 터치 제스처 표현법에 대해 논합니다.

- 매트 검멜Matt Gemmell 〈터치 표기법Touch Notation〉 복잡한 제스처를 표현하는 간단한 시스템입니다(http://bkaprt.com/dft/06-10/).
- P.J. 오노리P.J. Onori 〈큐Cue〉 와이어프레임을 비롯한 문서 작업에 사용할 수 있는 압축적인 제스처 아이콘 세트입니다. SVG, PNG, 옴니그라플, 인디자인 포맷을 제공합니다(http://bkaprt.com/dft/06-11/).
- 댄 새퍼Dan Saffer, 레이철 글라브스Rachel Glaves 〈터치스크린 스텐실 Touchscreen stencils〉 제스처를 취하고 있는 손 모양을 그린 세트로 아주 다양한 디지털 포맷을 제공합니다. 이 스텐실을 이용하면 제스처 표현을 분명하고 그대로 전달할 수 있습니다 (http://bkaprt.com/dft/06-12/).

참조

책 내용에 포함된 단축 URL에는 출현 순서에 맞춘 번호가 함께 표기되었습니다. 각 단축 URL의 원본 주소를 참고용으로 아래에 기재합니다.

에필로그

00-01	http://www.pewinternet.org/2015/04/01/us-smartphone-use-in-2015
00-02	http://www.cnbc.com/id/39501308
00-03	http://pewinternet.org/Reports/2014/E-Reading-Update/Tablet-and-Ereader-Ownership/Half-of-American-adults-now-own-a-tablet-or-ereader.aspx
00-04	http://www.asymco.com/2012/02/16/ios-devices-in-2011-vs-macs-sold-it-in-28-years

1장

01-01	https://archive.org/details/bstj39-4-995
01-02	http://www.tecmark.co.uk/smartphone-usage-data-uk-2014/
01-03	http://www.uxmatters.com/mt/archives/2013/02/how-do-users-really-hold-mobile-devices.php
01-04	http://link.springer.com/chapter/10.1007/978-3-642-39241-2_6
01-05	http://www.cmo.com/content/dam/CMO_Other/ADI/ADI_Mobile_Report_2014/2014_US_Mobile_Benchmark_Report.pdf
01-06	http://samsungtomorrow.com/사용자의-눈과-손에-딱-맞는-대화면-갤럭시-w-출시

01-07	http://www.elearningguild.com/research/archives/index.cfm?id=174&action=viewonly
01-08	http://www.sfgate.com/news/article/Steve-Jobs-Touchscreen-Laptops-Don-t-Work-AAPL-2477126.php
01-09	http://www.intelfreepress.com/news/do-people-want-touch-on-laptop-screens/
01-10	http://www.sciencedirect.com/science/article/pii/S1057740813000934
01-11	http://www.slideshare.net/uxpa-dc/the-hybrids-are-coming-john-whalen
01-12	https://www.flickr.com/photos/intelfreepress/6837427202
01-13	https://www.flickr.com/photos/intelfreepress/6983554875
01-14	http://www.abookapart.com/products/mobile-first
01-15	http://thesession.org
01-16	http://www.google.com/design/spec/components/buttons.html#buttons-floating-action-button
01-17	https://www.flickr.com/photos/janitors/10065590424
01-18	http://www.apple.com/

2장

02-01	http://dev.w3.org/csswg/mediaqueries-4/#pointer
02-02	https://www.usertesting.com
02-03	http://www.w3.org/WAI/GL/css2em.htm
02-04	http://mobile-ux.appspot.com/#8
02-05	http://go.microsoft.com/fwlink/p/?linkid=242592
02-06	https://msdn.microsoft.com/en-us/library/windows/desktop/Dn742468(v=VS.85).aspx

02-07	https://instagram.com/p/q89q9djBkq/

3장

03-01	http://www.mcwade.com/DesignTalk/2013/09/flat-is-cool-but-be-consistent
03-02	http://www.lukew.com/ff/entry.asp?1569
03-03	http://erikrunyon.com/2013/01/carousel-stats/
03-04	http://www.nngroup.com/articles/auto-forwarding/
03-05	http://yorkwebteam.blogspot.com/2013/03/are-homepage-carousels-effective-aka.html
03-06	http://shouldiuseacarousel.com
03-07	http://www.statista.com/statistics/232285/reasons-for-online-shopping-cart-abandonment
03-08	http://blog.hubspot.com/blog/tabid/6307/bid/6746/Which-Types-of-Form-Fields-Lower-Landing-Page-Conversions.aspx
03-09	http://zdfs.github.io/toscani/paymentInfo
03-10	http://blogs.forrester.com/michael_ogrady/12-06-19-sms_usage_remains_strong_in_the_us_6_billion_sms_messages_are_sent_each_day
03-11	http://www.pewinternet.org/2012/03/19/teens-smartphones-texting
03-12	http://leaverou.github.io/awesomplete/
03-13	https://github.com/miketaylr/jquery.datalist.js
03-14	http://www.wsj.com/articles/SB10001424127887323566804578549351972660468
03-15	http://bits.blogs.nytimes.com/2013/09/29/disruptions-guided-by-touch-screens-blind-turn-to-smartphones-for-sight

03-16	https://www.youtube.com/watch?v=h2OfQdYrHRs
03-17	http://www.w3.org/TR/webaudio
03-18	http://dvcs.w3.org/hg/speech-api/raw-file/tip/speechapi.html
03-19	http://www.w3.org/TR/geolocation-API
03-20	http://w3c.github.io/deviceorientation/spec-source-orientation.html
03-21	http://www.w3.org/TR/ambient-light

4장

04-01	https://www.flickr.com/photos/jking89/4572668303
04-02	https://www.flickr.com/photos/blackcountrymuseums/4385115536
04-03	http://www.chicagomanualofstyle.org/tools_proof.html
04-04	http://www.donhopkins.com/drupal/node/100
04-05	http://www.billbuxton.com/MMUserLearn.html
04-06	http://tikku.com/jquery-radmenu-plugin
04-07	http://lab.victorcoulon.fr/css/path-menu
04-08	https://github.com/filamentgroup/Overthrow
04-09	https://drafts.csswg.org/css-snappoints/
04-10	http://www.w3.org/TR/touch-events/
04-11	http://www.html5rocks.com/en/mobile/touch
04-12	https://msdn.microsoft.com/en-us/library/windows/apps/Hh767313.aspx
04-13	https://github.com/ftlabs/fastclick
04-14	https://github.com/filamentgroup/tappy
04-15	http://www.w3.org/TR/pointerevents/
04-16	http://handjs.codeplex.com

04-17	https://msdn.microsoft.com/library/dn433244.aspx

참고가 되는 자료

06-01	http://www.billbuxton.com/multitouchOverview.html
06-02	https://developer.apple.com/library/ios/documentation/UserExperience/Conceptual/MobileHIG
06-03	https://www.google.com/design/spec/material-design/introduction.html
06-04	https://dev.windows.com/en-us/design
06-06	https://developer.apple.com/watch/human-interface-guidelines
06-07	http://www.html5rocks.com/en/mobile/touchandmouse
06-08	http://blogs.msdn.com/b/davrous/archive/2015/08/10/handling-touch-in-your-html5-apps-thanks-to-the-pointer-events-of-ie10-and-windows-8.aspx
06-09	http://hammerjs.github.io
06-10	http://mattgemmell.com/touch-notation
06-11	http://somerandomdude.com/work/cue
06-12	http://www.kickerstudio.com/2008/12/touchscreen-stencils

찾아보기

A
Adobe Comp **157**
Android **42**
Android design guidelines **44, 55**
autofill **117**
Awesomeplete library **122**

B
Bell Telephone **17**
buttons **140, 143**
Buxton, Bill **170**

C
camera vision **128**
cards **150**
carousels **104**
Clear(app) **159**
coarse gestures **141**
coding touch events **173**
confirmation dialogs **125**
CSS4 media queries **78**

D
date pickers **121**
device-width **92**
double-tap gesture **138**

drag and drop **136**
dropdown menus **121**
dynamic viewports **70, 90**

E
edge controls **65**
edge gestures **135, 165**
em **85**
Entertainment Weekly **106**
event data objects **181**

F
Facebook Paper **152, 208**
fatigue **140**
Fei, Qian **23**
fixed toolbars **47**
floating trigger buttons **53**
form fields **111**
Forrest, Zachary **116**

G
gesture jiujitsu **126**
gestures on web browsers **170**
Google Translate **128**
gorilla arm **32**
grip **21**

H
handhold styles **21**
Hoober, Steven **21, 76**
hover **77**

I

Instagram(app) **41**

Intel **32**

interaction quality **100**

interface metaphors **152**

iOS 7 design **200**

J

Jehl, Scott **187**

Jobs, Steve **32**

K

keyboards **116**

Gordon Kurtenbach **170**

L

Layar **128**

layouts, for handheld devices **36**

layouts, for laptops and hybrids **63**

layouts, for phablets **52**

layouts, for phones **39**

layouts, for tablets **60**

layouts, off-canvas **102**

linear data **109**

long press gesture **135**

LookTel Money Reader **129**

M

McLuhan, Marshall **149**

McWade, John **95**

Microsoft design guidelines **82**

Mobile First **48, 134**

muscle memory **142**

N

Norman, Don **147**

no-wait taps **187**

O

one-handed mode **58**

P

phablets **25**

pinch and spread **137**

pointer events **188**

pointer-events W3C standard **188**

pointer media query **71**

predictive interaction **100**

progressive disclosure **99**

R

radial menus **54, 167**

Reachability feature **58**

rem **86**

S

Safari **46**

scrolling **102**

semantic zoom **137**

Shank, Patti **26, 76**

skeuomorphic design **196**

Smus, Boris **182**

split action bar **52**
stepper buttons **124**
Swarm (app) **41**
swipe gesture **134, 175**
Sydney Morning Herald **202**

T
tablets, grip styles **29**
tap gesture **135**
Taylor, Mike **122**
teaching interactions **205**
The Daily **60**
The Session **49**
thumb zone **23, 26, 30, 33**
Time magazine **59**
touch support, detecting **75**
touch target location **83**
touch target size **84**
touch-target spacing **87**
Touch Tone phones **17**
TouchUp **159**
tutorials **205**
typing **116**

U
Uzu(app) **161**

V
Verou, Lea **122**
virtual pixels **89**

W
W3C **89**
walkthroughs **207**
Web Audio API **130**
Web Speech API **130**
Whalen, John **33**
Windows 8 **32**
Wroblewski, Luke **48, 134**

Z
zoom **137**

ㄱ
가상 픽셀 **89**
고든 쿠텐바흐 **170**
고릴라 팔 **32**
고정 툴바 **47**
구글 번역 **128**
그립 **21**
근육 기억 **142**

ㄴ
날짜 선택기 **121, 124, 147**

ㄷ
다이나믹 뷰포트 **70, 90, 93**
더 데일리 **60**
더블탭 제스처 **138**
더 세션 **49**
도달성 기능 **58**
돈 노먼 **147**

드래그 앤드 드롭 136
드롭다운 메뉴 121

ㄹ

레이디얼 메뉴 54, 167
레이아웃, 노트북과 하이브리드용 63
레이아웃, 손에 들고 쓰는 디바이스용 36
레이아웃, 오프캔버스 102
레이아웃, 태블릿용 60
레이아웃, 패블릿용 52
레이아웃, 핸드폰용 39
레이어 128
롱 프레스 제스처 135
루크 로블르스키 48, 134
룩텔 머니 리더 129
리아 베루 122

ㅁ

마샬 맥루한 149
마이크로소프트 디자인 가이드라인 82
마이크 테일러 122
모바일 우선주의 48, 134

ㅂ

버튼 140, 143
벨 텔레폰 17
보리스 스무스 182
빌 벅스턴 170

ㅅ

사파리 46

선형 데이터 109
스와이프 제스처 134, 175
스웜 41
스콧 젤 187
스큐어모픽 디자인 196
스크롤 102
스텝퍼 버튼 124
스티브 잡스 32
스티븐 후버 21, 76
스플릿 액션 바 52
시드니 모닝 헤럴드 202
시맨틱 줌 137

ㅇ

안드로이드 42, 52
안드로이드 디자인 가이드라인 44, 55
어도비 콤프 157
어썸플레이트 라이브러리 122
엄지 존 23, 26, 30, 33
에지 컨트롤 65
에지 제스처 135, 165
엔터테인먼트 위클리 106
예측하는 인터랙션 100
오토필 117
우즈 161
워크스루 207
웹 스피치 API 130
웹 오디오 AIP 130
웹 제스처 170
윈도우 8 32
이벤트 데이터 오브젝트 181

인스타그램 41
인터랙션의 질 100
인터페이스 메타포 152
인텔 32

터치 타깃 위치 83
터치 타깃 크기 84
터치 톤 폰 17
튜토리얼 205

ㅈ
자차리 포레스트 116
점진적 공개 기법 99
제스처 주짓수 126
존 맥웨드 95
존 와렌 33
줌 137

ㅍ
패블릿 25
패티 생크 26, 76
페이스북 페이퍼 152, 208
포인터 미디어 쿼리 71
포인터 이벤트 188
포인터 이벤트 W3C 표준 188
폼필드 111
플로팅 트리거 버튼 53
피로감 140
핀치 앤드 스프레드 137

ㅋ
카드 150
카메라 인식 128
캐러셀 104
코어스 제스처 141
퀴안 페이 23
클리어 159
키보드 116

ㅎ
한 손 모드 58
호버 77
확인 창 125

ㅌ
타이핑 116
타임 매거진 59
태블릿 29
탭 제스처 135
터치 감지 75
터치업 159
터치 이벤트 코딩 173
터치 타깃 공간 87

어 북 어파트 소개

웹 디자인은 다방면의 폭넓은 지식과 고도의 집중력이 필요한 작업입니다. 'A Book Apart' 시리즈는 웹사이트 제작자를 위한 것으로, 웹 디자인과 관련된 최신 이슈와 필수적인 주제를 멋스럽고 명료하게, 무엇보다 간결하게 다루고 있습니다. 디자이너와 개발자는 낭비할 시간이 없기 때문입니다.

또한 웹사이트를 제작하는 데 있어 까다로운 문제를 좀 더 쉽게 이해할 수 있도록 실마리를 제공하고, 궁금증을 해결해주며, 실제 작업에 활용할 수 있도록 최선을 다하고 있습니다. 웹 전문가에게 필요한 툴을 제공하고자 노력하는 우리의 의지를 성원해주셔서 감사합니다.